Johann Lafers frische Saisonküche

Johann Lafers frische Saisonküche

Raffinierte Rezepte mit dem Zauberstab®

FALKEN

Im FALKEN Verlag sind zahlreiche Titel zum Thema „Essen und Trinken" erschienen.
Sie erhalten sie überall dort, wo es Bücher gibt.

Sie finden uns im Internet: **www.falken.de**

Dieses Buch wurde auf chlorfrei gebleichtem und säurefreiem Papier gedruckt.

Der Text dieses Buches entspricht den Regeln der neuen deutschen Rechtschreibung.

ISBN 3 8068 7616 9

Umschlaggestaltung: Peter Udo Pinzer
Layout: Anette Vogt, red.sign, Stuttgart
Redaktion: Bettina Snowdon
Lektorat: Dr. Diedrich Voorgang, Heidenrod
Einleitungstexte: Dr. Diedrich Voorgang, Heidenrod
Herstellung: Christina Dinkel / Bettina Christ
Rezeptfotos: Walter Cimbal, Hamburg
Weitere Fotos im Innenteil: Hamann & Compagnon GmbH, Stuttgart: Seite 12, 13, 14, 15, 16 und 17; Walter Cimbal, Hamburg: Seite 5 und Seite 12: großes Foto; Fotostudio Hartmann, Taunusstein: Seite 6; FALKEN Archiv: Seite 3, 7, 8, 9, 10 und 11

Satz: Klaus Ohl, Wiesbaden
Reproduktion: Lithotronic, Frankfurt
Druck: Appl, Wemding
817 2635 4453 6271

Inhalt

Vorwort

Liebe Kochfreunde,

jede Jahreszeit hat ihre ganz eigenen Reize – auch kulinarisch. Im Frühjahr, wenn die Natur erwacht und das erste Grün sprosst, kommt auch unser Kreislauf wieder in Schwung. Da ist ein Fitnessdrink genau das Richtige. Die ersten zarten Kräuter verleihen Salaten und Suppen ein frisches Aroma. Manch einer träumt vielleicht schon vom sonnigen Süden und nimmt den Urlaub kulinarisch mit mediterranen Köstlichkeiten vorweg. Wenn die Tage länger und wärmer werden, kommt die Erdbeerzeit. Die leuchtend roten Früchte lassen uns das Wasser im Mund zusammenlaufen. Und dann der edle Spargel – wohl kaum ein Land, in dem er so vielfältig zubereitet wird wie bei uns.

Im Sommer über den Markt zu gehen, ist eine wahre Wonne: Obst und frisches, knackiges Gemüse lachen uns entgegen, das intensive Aroma heimischer Tomaten lässt unser Herz höher schlagen. An heißen Tagen ist vielleicht eine eisgekühlte Suppe besonders wohltuend. Oder Sie spüren in sonnendurchglühten Himbeeren sozusagen den Sommer auf der Zunge.

Wenn dann der Herbst kommt, die Tage wieder kürzer werden und die Sonne sich durch den Morgennebel kämpfen muss, erfreuen uns rote Äpfel und goldene Birnen, dann ist Zeit für Kürbis und würzige Pilze. Und mitten im Herbst mit seinen länger werdenden Schatten und fallenden Blättern liegt die fröhliche Weinlese. Vollreife goldene oder blaue Trauben verheißen besinnlichen oder auch ausgelassenen Genuss.

Schließlich der Winter: Wenn es draußen ungemütlich und kalt ist, wärmt ein süffiger Punsch. In der Küche duftet es vielleicht schon nach weihnachtlichen Gewürzen und jetzt schmecken die herzhaften Gerichte besonders gut, eine kräftige Suppe, zarte Entenbrust und deftiger Kohl.

Die Jahreszeiten und das wechselnde Angebot saisonaler Produkte spielen seit jeher eine wichtige Rolle in meiner Küche. Denn beim Kochen, so wie ich es praktiziere, kommt es neben sorgsamer und schonender Zubereitung vor allem auf frische Zutaten an, wie sie saisonal verfügbar sind.

In diesem Buch möchte ich Ihnen die kulinarischen Reize der verschiedenen Jahreszeiten näher bringen. In jedem Kapitel finden Sie leichte Gerichte, herzhaft Bodenständiges, aber auch Rezepte, zu denen mich die Küchen anderer Länder inspiriert haben, und natürlich kommen auch die Liebhaberinnen und Freunde süßer Leckereien auf ihre Kosten.

Ich habe ganz leicht zuzubereitende, aber auch wieder einige aufwendigere Gerichte für Sie ausgewählt. Aber selbst Schwierigeres lässt sich mit dem richtigen „Handwerkszeug" bewältigen. Ein in meiner Küche unentbehrlicher Helfer ist der Zauberstab®. Mixen, Pürieren, Aufschlagen – probieren Sie die Rezepte aus und lassen Sie sich von den vielfältigen Einsatzmöglichkeiten überzeugen.

Nun wünsche ich Ihnen viel Erfolg beim Nachkochen. Natürlich freue ich mich, wenn Sie mich einmal in einem meiner beiden Restaurants auf der Stromburg in 55442 Stromberg am Fuße des Hunsrücks besuchen.

Herzlichst
Ihr

Frische Saisonküche

Garant für gesunde Aromaküche

Früher bestimmte der Lauf der Jahreszeiten unseren Speisezettel viel stärker als heute. Mittlerweile sind viele Produkte durch Import oder Treibhausanbau oder als Tiefkühlware ganzjährig verfügbar. Sollten wir unseren Speiseplan aber nicht trotzdem wieder stärker am Rhythmus der Natur ausrichten?
Dafür spricht zunächst die Frische: Nur aus wirklich hochwertigen und frischen Zutaten lässt sich ein köstliches Gericht zubereiten. Für manches Dessert genügen sicher auch TK-Früchte, aber wie viel besser schmecken etwa frische Erdbeeren oder duftende Pfirsiche! Auch halb unreif geerntete und über riesige Strecken transportierte Früchte können nicht so intensiv schmecken wie frisch gepflückte.
Aber nicht nur die Frische spricht für saisonale Produkte. Manche Lebensmittel schmecken erst richtig gut, wenn sie „Wind und Wetter" ausgesetzt waren. Feldsalat beispielsweise ist nach dem ersten Bodenfrost besonders gut, deutsche Weintrauben – nur im Spätsommer und im Herbst erhältlich – haben ein unvergleichlich intensiveres Aroma als importierte Tafeltrauben.

Ein Weiteres ist der sorgsame Umgang mit unserer Umwelt. Nur eine intakte Natur kann wirklich gute und gesunde Lebensmittel liefern. Da lohnt es schon, sich bewusst zu machen, mit welch riesigem Energieverbrauch der Treibhausanbau oder der Import über Tausende von Kilometern verbunden ist.
Schließlich: Manche Gerichte gibt es traditionell nur zu bestimmten Jahreszeiten, beispielsweise Grünkohl im Herbst und Winter. Warum nicht den Speisezettel generell wieder stärker auf die Jahreszeiten abstimmen, sich an der Abwechslung erfreuen und das genießen, was frisch verfügbar ist?

Obst

Kernobst – Äpfel und Birnen – ist das ganze Jahr über verfügbar. Erfreulicherweise kommen auch wieder fast vergessene Sorten in den Handel, mit feinem Duft und kräftigem Eigengeschmack. Solche Sorten sind meist nur im Herbst erhältlich. Wenn Sie im Herbst Quitten auf dem Markt entdecken, sollten Sie unbedingt zugreifen, sie sind wahre „Aromabomben".
Steinobst hat seine Hauptsaison von Juni bis August, teilweise auch noch im September. Zum Steinobst zählen unter anderem Kirschen, Pfirsiche, Pflaumen und Zwetschgen. Sie eignen sich teilweise zum Einfrieren, besonders gut in pürierter Form.
Etwa in der gleichen Zeit hat das Beerenobst Saison: Erdbeeren, Himbeeren, Johannisbeeren, Heidelbeeren, Preiselbeeren und Weintrauben. Frühe Sorten heimischer Erdbeeren sind schon im Mai erhältlich, Brombeeren reifen im September, ebenso Heidelbeeren und Preiselbeeren, noch später sind die Weintrauben. Rhabarber ist nur von April bis Juni auf dem Markt, nutzen Sie die Saison.
Zitrusfrüchte werden im deutschsprachigen Raum nur vereinzelt angebaut, der Großteil wird importiert. Sie liefern insbesondere in den Wintermonaten wertvolles Vitamin C.

Vor allem aus Ländern mit tropischem oder subtropischem Klima kommen exotische Früchte wie Ananas, Avocados, Bananen, Feigen, Kiwis, Mangos, Melonen und Papayas. Sie sind meist das ganze Jahr über im Angebot. Heimische Hasel- und Walnüsse haben im Herbst Saison. Zwar lassen sich Nüsse gut lagern, frisch geerntet schmecken sie aber besonders gut.

Gemüse

Sehr viele Gemüsesorten sind ganzjährig erhältlich. Umso mehr lohnt es, bei ausgesprochenem Saisongemüse zuzugreifen: Den ersten jungen Blattspinat gibt es im März, Spargel wird von April bis Juni angeboten, frische Erbsen sind von Juni bis August erhältlich, Mangold hat von Juni bis September Saison und frischer Mais von August bis Oktober. Etwas später ist die Zeit für Kürbis.

Die meisten Kohlsorten sind das ganze Jahr über im Angebot. Knackige Salate aus China- oder Weißkohl schmecken auch im Sommer. Dagegen passen Gerichte mit gekochtem Kohl, vor allem Grünkohl und Rosenkohl, besser in die kalte Jahreszeit. Heimischer Kohlrabi ist von Juni bis November besonders zart. Etwas später ist die beste Zeit für Fenchel und für Rotkohl. Rosenkohl wird von September bis Februar angeboten. Ebenfalls in der kalten Jahreszeit haben Topinambur und Rote Bete Saison. Manche Gemüsesorten, zum Beispiel Paprika und Auberginen, werden fast ausschließlich importiert, sie sind ganzjährig erhältlich. Auch Tomaten sind das ganze Jahr über auf dem Markt. Nutzen Sie aber die Saison und kaufen Sie von Juli bis Oktober möglichst heimische Tomaten. Bei Importen sind vor allem die Strauchtomaten besonders aromareich. Nicht entgehen lassen sollten Sie sich die ersten heimischen neuen Kartoffeln, die im Mai/Juni auf den Markt kommen.

Salate

Eisberg-, Feld- und Kopfsalat sind eigentlich das ganze Jahr über im Angebot, am besten schmeckt natürlich kräftige Freilandware. Bataviasalat, Chicorée und Friséesalat sind nur saisonal erhältlich. Greifen Sie zu, wenn Sie auf dem Markt Salatspezialitäten entdecken.

Pilze

Austernpilze und Champignons werden gezüchtet, sie sind ganzjährig erhältlich. Frische Pfifferlinge gibt es von Juni bis November, Steinpilze von Mai bis Oktober.

Fleisch, Geflügel und Fisch

Rind- und Schweinefleisch sind saisonunabhängig im Handel. Frisches Wild ist dagegen nur in der jeweiligen Jagdsaison erhältlich. Manche Geflügelsorten, zum Beispiel Gans, werden nur im Herbst frisch angeboten. Frisches Lammfleisch ist am besten im Sommer zu bekommen.

Auch das Fischangebot ist das ganze Jahr über sehr vielfältig. Lassen Sie sich aber die Spezialitäten, die nur zu bestimmten Jahreszeiten erhältlich sind, nicht entgehen, wie Muscheln im Herbst und Winter, Matjes von Mai bis Juni, die Dorade im Herbst oder Zander von September bis März.

Saisonkalender

Gemüse

	Jan.	Feb.	März	April	Mai	Juni	Juli	Aug.	Sep.	Okt.	Nov.	Dez.
Artischocken	✓	✓	✓	✓	✔	✔			✓	✔	✔	✔
Auberginen	✓	✓	✓	✓	✔	✔	✔	✔	✔	✓	✓	✓
Blumenkohl	✓	✓	✓	✓	✓	✔	✔	✔	✔	✔	✓	✓
Bohnen, dicke						✔	✔	✓				
Bohnen, grüne					✓	✔	✔	✔	✔	✓		
Brokkoli					✓	✓	✔	✔	✔	✔	✓	✓
Chinakohl	✔	✔	✔	✓	✓	✔	✔	✔	✔	✔	✔	✔
Erbsen					✓	✔	✔	✔	✓			
Fenchel	✓	✓	✓	✓				✔	✔	✔	✔	✓
Frühlingszwiebeln	✓	✓	✓	✓	✓	✔	✔	✔	✔	✔	✓	✓
Grünkohl	✔	✔	✓	✓						✓	✔	✔
Gurken				✓	✓	✔	✔	✔	✔	✔	✓	
Karotten	✓	✓	✓	✓	✓	✔	✔	✔	✔	✔	✔	✔
Knoblauch, frisch	✓	✓	✓	✔	✔	✔	✓	✓	✓	✓	✓	✓
Kohlrabi	✓	✓	✓	✓	✓	✔	✔	✔	✔	✔	✓	✓
Kürbis	✓							✓	✔	✔	✔	✓
Lauch	✔	✔	✓	✓	✓	✓	✓	✔	✔	✔	✔	✓
Mais							✓	✔	✔	✔		
Mangold					✓	✔	✔	✔	✔	✓		
Meerrettich	✓	✓	✓	✓					✓	✔	✔	✔
Okraschoten	✔	✔	✔	✔	✔	✓	✓	✓	✔	✔	✔	✔
Paprikaschoten	✓	✓	✓	✓	✓	✔	✔	✔	✔	✔	✓	✓
Pastinaken	✔	✔	✔	✔	✔						✔	✔
Petersilienwurzeln	✓	✓					✓	✓	✓	✔	✔	✔
Radieschen	✓	✓	✓	✓	✔	✔	✔	✔	✔	✓	✓	✓
Rettich	✓	✓	✓	✓	✔	✔	✔	✔	✔	✓	✓	✓
Romanesco					✓	✔	✔	✔	✔	✓		
Rosenkohl	✔	✔	✓						✔	✔	✔	✔
Rote Bete	✔	✔	✓	✓	✓	✓	✓	✓	✔	✔	✔	✔
Rotkohl	✓	✓	✓	✓	✓	✓	✔	✔	✔	✔	✔	✓
Schalotten	✓	✓	✓	✓	✓	✓	✔	✔	✔	✔	✓	✓
Schwarzwurzeln	✓	✓	✓							✓	✔	✔
Sellerie (Knolle)	✔	✔	✔	✓	✓	✓	✓	✓	✔	✔	✔	✔
Sellerie (Staude)	✓	✓	✓	✓	✓	✓	✔	✔	✔	✔	✓	✓
Spargel			✓	✔	✔	✔						
Spinat	✓	✓	✔	✔	✔	✓	✓	✓	✔	✔	✓	✓
Spitzkohl				✓	✓	✓	✔	✔	✔	✓		
Steckrüben	✔	✔	✓						✓	✔	✔	✔
Teltower Rübchen					✔	✔	✔	✔	✓	✔	✔	✔
Tomaten	✓	✓	✓	✓	✓	✓	✔	✔	✔	✔	✓	✓
Topinambur	✔	✔	✔	✓	✓					✔	✔	✔
Weiße Rüben				✓	✔	✔	✓					
Weißkohl	✓	✓	✓	✔	✓	✓	✓	✓	✔	✔	✔	✓
Wirsing	✓	✓	✓	✓	✔	✔	✔	✔	✔	✔	✔	✓
Zucchini	✓	✓	✓	✓	✓	✔	✔	✔	✔	✔	✓	✓
Zuckerschoten					✓	✔	✔	✔	✔			

Salate

	Jan.	Feb.	März	April	Mai	Juni	Juli	Aug.	Sep.	Okt.	Nov.	Dez.
Bataviasalat	✔	✔	✔	✔						(✔)	✔	✔
Chicorée	✔	✔	✔	✔					(✔)	(✔)	✔	✔
Eichblattsalat	✔	✔	✔	✔	(✔)					✔	✔	✔
Eisbergsalat	(✔)	(✔)	(✔)	(✔)	(✔)	✔	✔	✔	✔	(✔)	(✔)	(✔)
Endiviensalat						(✔)	(✔)	(✔)	(✔)	✔	✔	✔
Feldsalat	✔	✔	✔	✔	(✔)	(✔)	(✔)	(✔)	(✔)	✔	✔	✔
Friséesalat						(✔)	(✔)	(✔)	(✔)	(✔)	✔	✔
Kopfsalat	✔	✔	✔	✔	✔	✔	✔	✔	✔	✔	✔	✔
Lollo Rosso/Bionda				✔	✔	✔	✔	✔	✔	(✔)		
Löwenzahn			✔	✔	(✔)							
Radicchio	✔	✔	✔	✔	✔					✔	✔	✔
Rucola				(✔)	✔	✔	✔	✔	✔	(✔)		
Römischer Salat								(✔)	✔	✔	✔	(✔)
Sauerampfer			✔	✔	✔	(✔)						

Heimisches Obst

	Jan.	Feb.	März	April	Mai	Juni	Juli	Aug.	Sep.	Okt.	Nov.	Dez.
Äpfel						(✔)	(✔)	✔	✔	✔	✔	
Aprikosen						(✔)	✔	✔				
Birnen							(✔)	✔	✔	✔	✔	
Brombeeren							(✔)	✔	✔	(✔)		
Erdbeeren					✔	✔	✔	(✔)	(✔)			
Heidelbeeren						(✔)	✔	✔	✔			
Himbeeren					(✔)	✔	✔	✔	✔			
Holunderbeeren									✔	✔		
Johannisbeeren						(✔)	✔	✔	(✔)			
Kirschen						✔	✔	✔				
Mirabellen							(✔)	✔	✔			
Nektarinen						✔	✔	✔	(✔)			
Nüsse							(✔)	(✔)	✔	✔	✔	(✔)
Pfirsiche							✔	✔	✔			
Pflaumen							✔	✔	✔			
Preiselbeeren								✔	✔	✔		
Quitten									(✔)	✔	✔	(✔)
Renekloden							✔	✔	✔			
Rhabarber				✔	✔	✔	(✔)					
Stachelbeeren						✔	✔	✔	(✔)			
Weintrauben								(✔)	✔	✔		
Zwetschgen							✔	✔	✔			

✔ = Haupterntezeit (✔) = Vor- bzw. Nachsaison

Der Zauberstab®

Ein wahres Multitalent

Qualitativ hochwertige und frische, saisonal erhältliche Produkte sind eine Voraussetzung für ein köstliches Gericht. Ebenso wichtig ist aber auch die möglichst schonende Zubereitung. Dabei ist der Zauberstab® ein wichtiger Helfer.
Frisch püriertes Obst oder Gemüse beispielsweise schmeckt herrlich aromatisch und behält anders als beim Kochen seine leuchtend intensive Farbe und seine Vitamine. Mit dem Zauberstab® zerkleinern Sie Lebensmittel erst dann, wenn Sie sie benötigen – auch das garantiert Frische. Zerkleinerte Zutaten benötigen eine geringere Garzeit. Auch dadurch werden Geschmack und Inhaltsstoffe geschont.
Der Zauberstab® vereint die Funktion gleich mehrerer Küchengeräte: Er kann mixen und pürieren, aufschlagen, quirlen und aufschäumen, hacken und mahlen und sogar Fleisch zerkleinern. Anders als beim Mixer kann man mit dem Zauberstab® in jedem Gefäß arbeiten, sogar im Kochtopf auf dem Herd.
Vorteilhaft sind hohe, schmale Gefäße. Die zu bearbeitenden Lebensmittel sind darin der Einwirkung von Multifunktionsmesser, Schlag- oder Quirlscheibe optimal ausgesetzt. Außerdem ist die Spritzgefahr wesentlich geringer. Ein Verrutschen des Gefäßes wird vermieden, wenn Sie es auf ein feuchtes Tuch stellen. Um kleine Mengen aufzuschlagen, ist der mitgelieferte Becher optimal.
Durch die Schutzhaube und die Sicherungsflügel kommen die rotierenden Werkzeuge mit dem Boden oder der Gefäßwand garantiert nie in Kontakt. Sie können den Zauberstab® also auch in beschichteten Töpfen verwenden.
Arbeiten Sie grundsätzlich behutsam. Lassen Sie den Zauberstab® erst anlaufen, wenn Sie ihn in die Flüssigkeit oder die zu pürierenden oder aufzumixenden Lebensmittel eingetaucht haben. Bewegen Sie ihn langsam und bei festen Zutaten mit sanftem Druck. Besonders beim Aufschlagen sollten Sie behutsam vorgehen und den Zauberstab® in der Flüssigkeit langsam von unten nach oben ziehen. Nach jedem Arbeitsgang schalten Sie den Zauberstab® aus, nehmen ihn aus dem Gefäß und schlagen ihn über dem Gefäß mehrmals leicht auf die freie Hand, damit eventuell anhaftende Lebensmittel herunterfallen.
Für das Wechseln der Aufsätze ist keine Kraft erforderlich. Am besten ziehen Sie den Netzstecker, wenn Sie die Teile wechseln, falls Sie versehentlich einen der Druckschalter betätigen.

Mixen und pürieren – das Multimesser

Das Multimesser eignet sich zum Zerkleinern, Mixen und Pürieren. Auch härtere Lebensmittel, selbst Eiswürfel, werden mühelos zerkleinert. Aber auch zum Emulgieren und sogar zum Aufschlagen lässt sich das Multimesser verwenden.

Tauchen Sie den Zauberstab® in weiche oder flüssige Zutaten erst ein, bevor Sie ihn anlaufen lassen. Rohes Gemüse, rohe Kartoffeln, hartes Obst oder gefrorene Früchte sollten Sie vor dem Bearbeiten in etwa walnussgroße Stücke schneiden. Arbeiten Sie so lange, bis der gewünschte Feinheitsgrad erreicht ist. Wollen Sie größere Mengen verarbeiten, beginnen Sie mit einer kleineren Portion und fügen Sie dann allmählich weitere Mengen hinzu.

Bereiten Sie frische Obst- oder Gemüsepürees erst kurz vor dem Servieren zu und lassen Sie sie nicht lange stehen, damit sie sich nicht unter Lufteinfluss verfärben und an Geschmack verlieren. Um die schnelle Verfärbung zu verhindern, geben Sie am besten ein wenig Zitronensaft unter das Püree. Wenn Sie wollen, können Sie Obstpüree mit der Quirlscheibe noch schaumig aufschlagen.

Auch roh gerührte Marmelade ist mit dem Multimesser ganz einfach gemacht: Pürieren Sie das gewaschene, entstielte und gegebenenfalls entsteinte Obst mit der gleichen Menge Zucker mit einer Pause von 10 Minuten zweimal für etwa 3 Minuten. Roh gerührte Marmelade hält sich nur begrenzte Zeit. Bewahren Sie sie im Kühlschrank auf.

Selbst zubereitetes Eis, das längere Zeit im Gefriergerät steht, wird oft sehr hart. Wenn Sie es kurz vor dem Servieren etwas klein schneiden und mit dem Multimesser bearbeiten, bekommt es wieder eine schön cremige Konsistenz.

Selbst Eiswürfel lassen sich mit dem Multimesser zerkleinern. Das ist ideal, wenn Sie Drinks bereiten und neben Saft und vielleicht etwas frischem Obst oder Gemüse auch gleich das Eis mit untermixen.

Saucen und Suppen lassen sich hervorragend auch ohne Mehl, Stärke oder Butter binden, wenn Sie mitgeschmortes Gemüse mit dem Multimesser fein pürieren. Die Sauce oder Suppe bekommt eine schön sämige Konsistenz und behält ihren Eigengeschmack.

Aber auch zum Untermixen von Öl oder Butter in Saucen oder eine Vinaigrette eignet sich das Multimesser sehr gut. Die Saucen werden schön homogen und herrlich schaumig-leicht. Sauce hollandaise, an deren Zubereitung sich viele Hobbyköche nicht so recht herantrauen, kann bei Einsatz des Zauberstabs® kaum misslingen. Hier ein Rezept für ca. ½ l Sauce: Kochen Sie 1 geschälte und fein gewürfelte Schalotte mit 50 ml Weißwein, 1 EL mildem Weißweinessig und 1 Lorbeerblatt so lange, bis die Flüssigkeit auf ca. 4 EL reduziert ist. Gießen Sie die Flüssigkeit durch ein Sieb in ein hohes Rührgefäß und lassen Sie sie etwas abkühlen. Erwärmen Sie 250 g Butter, bis sie klar ist und die Molke sich abgesetzt hat. Die Butter darf nicht zu heiß werden. Geben Sie 4 frische Eigelbe in das Rührgefäß und stellen Sie es in ein heißes, aber nicht kochendes Wasserbad. Mixen Sie die Eigelbe mit dem Multimesser oder der Schlagscheibe cremig auf. Nehmen Sie das Rührgefäß dann aus dem Wasserbad und lassen Sie unter ständigem Weitermixen die Butter in dünnem Strahl zulaufen. Schmecken Sie die Sauce hollandaise mit Salz, etwas weißem Pfeffer und Zitronensaft ab.

Und noch ein Vorschlag: Frisch zubereitete Kräuterbutter schmeckt sehr viel aromatischer als fertig gekaufte. Kräuterbutter können Sie so zubereiten: Hacken Sie 1 geschälte und grob zerteilte Schalotte oder 1 kleine Zwiebel, 1 geschälte Knoblauchzehe und 1 Bund gemischte, gewaschene und trokkengetupfte Kräuter mit dem Multimesser und schmecken Sie die Mischung mit etwas Zitronensaft und Salz ab. Rühren Sie dann in einem schmalen, hohen Gefäß 125 g weiche Butter mit dem Multimesser schaumig und arbeiten Sie die Kräuter unter. Die Kräuterbutter sollte vor dem Servieren noch mindestens 1 Stunde im Kühlschrank fest werden.

Aufschlagen – die Schlagscheibe

Die Schlagscheibe eignet sich zum Schlagen von Sahne und Eischnee, zum Emulgieren und Aufschlagen von Saucen und zum Rühren leichter Kuchenteige.
Beim Einsatz der Schlagscheibe ist ein schmales, hohes Gefäß besonders wichtig. Stellen Sie den Zauberstab® auf den Boden des Gefäßes, lassen Sie ihn langsam anlaufen und schalten Sie erst dann auf höhere Leistung. Halten Sie den Zauberstab® leicht schräg und ziehen Sie ihn so langsam nach oben, wie die aufzuschlagende Masse mit steigt. Wiederholen Sie diesen Vorgang, bis die Masse die gewünschte Konsistenz hat.

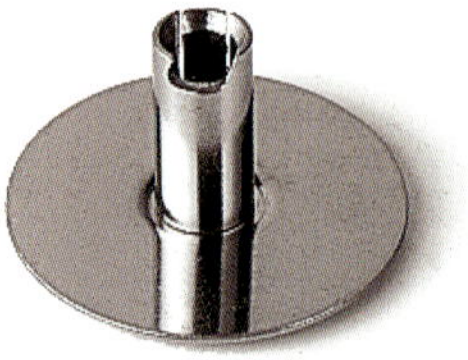

Für Schlagsahne muss die Sahne gut gekühlt sein. Arbeiten Sie langsam und ziehen Sie den Zauberstab® immer wieder bis kurz unter die Oberfläche. So wird Luft mit eingearbeitet und Sie erhalten eine feinporige, lange fest bleibende Schlagsahne. Geben Sie Zucker erst zuletzt zu.
Auch Diät-Schlagsahne lässt sich mit dem Zauberstab® zubereiten. Füllen Sie dazu leicht angefrorene fettarme Milch (am besten unter 1,5 Prozent Fettgehalt) in ein hohes, schmales Rührgefäß. Das Gefäß muss frei von Spülmittelresten sein, die Schaumbildung wird sonst erschwert.
Lassen Sie den Zauberstab® zunächst kurze Zeit am Boden arbeiten und ziehen Sie ihn dann langsam am Gefäßrand nach oben. Wiederholen Sie diesen Vorgang mehrmals und geben Sie erst zum Schluss Süßstoff oder etwas Zucker hinzu. Servieren Sie die Diät-Sahne sofort, sie verflüssigt sich recht schnell. Noch leichter aufschlagen lässt sich fettarme Milch, wenn Sie eine Prise Salz oder etwas Zitronensaft hinzufügen.
Zum Bereiten von Eischnee muss das Rührgefäß unbedingt völlig fettfrei sein. Tauchen Sie den Zauberstab® in das Eiweiß ein, schalten Sie ihn ein, geben Sie 1 EL heißes Wasser dazu (das genügt auch für größere Mengen) und gehen Sie wie beim Schlagen von Sahne vor. Wenn Sie eine Prise Salz hinzufügen, bleibt der Eischnee länger fest.
Mit der Schlagscheibe lassen sich auch die Zutaten für ein Sorbet optimal verrühren. Für ein Champagnersorbet beispielsweise kochen Sie 250 g Zucker mit 150 ml Wasser auf, lassen diesen Läuterzucker erkalten, fügen 400 ml trockenen Weißwein, 200 ml Champagner oder sehr guten Sekt, den Saft von 3 Zitronen und ein frisches Eiweiß dazu. Mixen Sie dann alles mit der Schlagscheibe auf, füllen Sie die Masse in Eiswürfelbehälter und stellen Sie sie für mindestens 2 Stunden ins Gefriergerät. Vor dem Servieren werden die Eiswürfel mit dem Multimesser luftig aufgeschlagen. Das Sorbet reicht für 6 Personen.

Quirlen und aufschäumen – die Quirlscheibe

Die Quirlscheibe kommt beim Emulgieren von Salatsaucen oder Mayonnaise, beim Rühren von Kuchenteig und beim Mixen von Cocktails oder Shakes zum Einsatz. Zum Rühren leichter Teige oder zum Emulgieren ist auch die Schlagscheibe oder das Multimesser geeignet. Besonders Pfannkuchenteig ist mit dem Zauberstab® ganz schnell gemacht.
Sehr gut eignet sich die Quirlscheibe, wenn eine Sauce oder Suppe besonders schaumig werden soll. Entfernen Sie vorher feste Bestandteile oder pürieren Sie sie mit dem Multimesser. Wenn Sie nun mit der Quirlscheibe etwas Sahne unterarbeiten, wird die Sauce oder Suppe schön luftig.
Mit der Quirlscheibe oder dem Multimesser lässt sich auch sehr gut Mayonnaise herstellen. Folgende „Blitzmayonnaise" kann man besonders schnell zubereiten: Füllen Sie ein kleines, ganz frisches Ei, 1 EL Weißweinessig, den Saft von ½ Zitrone, ½ TL Dijonsenf, etwas Salz und ein wenig weißen Pfeffer in ein hohes enges Gefäß und fügen Sie mindestens ¼ l Öl hinzu. Tauchen Sie den Zauberstab® bis auf den Boden ein und lassen Sie ihn dort auf höchster Stufe etwa 5 Sekunden laufen. Dann halten Sie das Gefäß etwas schräg und ziehen den Zauberstab® dabei ganz langsam am Becherrand nach oben. Diesen Vorgang wiederholen Sie, bis die Mayonnaise die gewünschte Konsistenz hat.

Für die Herstellung kleinerer Mengen können Sie die gleichen Zutaten und gegebenenfalls anstelle des ganzen Eis 2 – 3 Eigelb verwenden. In diesem Fall lassen Sie nach dem Verquirlen der Zutaten das Öl in einem dünnen Strahl zulaufen, während Sie den Zauberstab® solange von unten nach oben bewegen, bis die Mayonnaise die gewünschte Konsistenz hat.

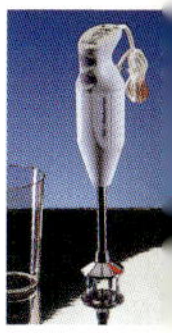

Feines Fleisch – das Fleischmesser

Als Zubehör ist das Fleischmesser erhältlich. Es eignet sich zum Zerhacken von kleineren Fleischmengen oder von Fisch. Außerdem kann es sehr gut zum Zerschneiden von langfaserigem Gemüse wie Staudensellerie, Spargel oder Fenchel eingesetzt werden. Besonders wenn Sie Geflügelhackfleisch benötigen, ist das Fleischmesser ideal, denn Geflügelhack ist nicht im Handel erhältlich. Auch Fischfarce ist mithilfe des Fleischmessers schnell hergestellt. Mit dem Fleischmesser hacken Sie die benötigte Portion im Nu selbst – und ganz frisch.
Verarbeiten Sie mit dem Fleischmesser nur Portionen bis 500 g. Das Fleisch muss frei von Knochen und Sehnen sein und sollte vor dem Hacken in etwa walnussgroße Stücke geschnitten werden. Arbeiten Sie in einem engen Gefäß, damit alles Fleisch möglichst gleichmäßig zerkleinert wird. Lassen Sie den Zauberstab® so lange laufen, bis die gewünschte Konsistenz erreicht ist. Denken Sie daran: Hackfleisch verdirbt sehr leicht. Bewahren Sie es deshalb nur im Kühlschrank auf und lagern Sie es nur kurz. Am besten bereiten Sie es stets ganz frisch zu.

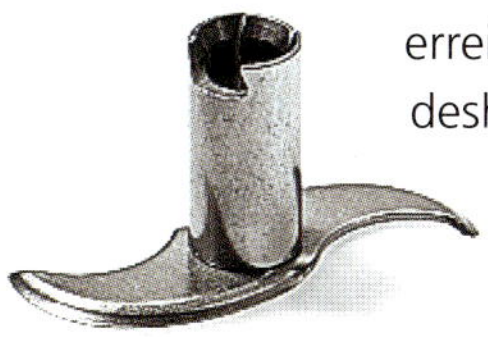

Das Fleischmesser ist sehr scharf. Seien Sie beim Einsetzen und Herausnehmen vorsichtig, und denken Sie daran, den Netzstecker zu ziehen.

Hacken und mahlen – die Mühle

Als weiteres Zubehör ist die Mühle lieferbar. Sie eignet sich zum Mahlen von Käse, Nüssen und Schokolade, zum Hacken von Kräutern und Gewürzen und sogar Puderzucker lässt sich darin herstellen. Die zu bearbeitenden Zutaten werden bis höchstens zum oberen Rand in die Mahlschale gefüllt. Dann wird der Deckel aufgesetzt und der Zauberstab® auf das Mitnehmermesser und in die Einkerbungen im Deckel gesetzt. Das beste Ergebnis erzielen Sie, wenn Sie die Mühle leicht schütteln, während der Zauberstab® läuft.

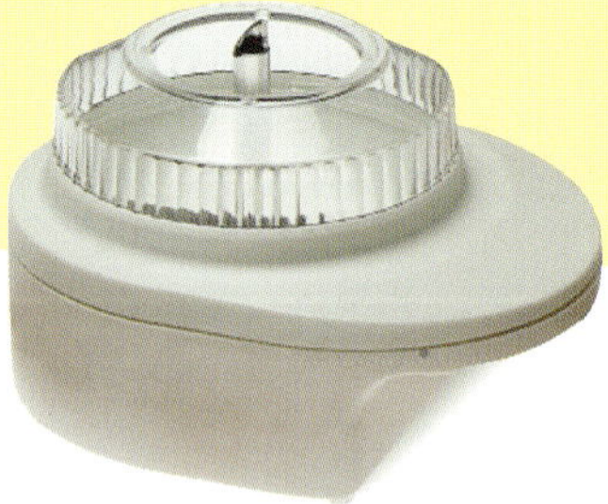

Kräuter müssen vor dem Mahlen trockengetupft und grob zerkleinert sein. Wenn die Kräuter sehr fein gemahlen werden sollen, frieren Sie sie am besten vorher ein. Schokolade sollte zum Raspeln möglichst hart sein. Gut lässt sich im Kühlschrank gekühlte Schokolade bearbeiten. Beim Mahlen von Mohn fügt man am besten ein bis zwei Stück Würfelzucker hinzu.

Reibkäse lässt sich besonders gut von harten Sorten herstellen, etwa von Parmesan oder Pecorino. Weichkäse eignet sich nicht zum Mahlen.

Auch Zitronen- oder Orangenzucker können Sie mit der Mühle ganz leicht zubereiten. Schälen Sie dazu die Schale von unbehandelten Zitrusfrüchten dünn ab, geben Sie sie mit etwas Zucker in die Mühle und mahlen Sie bis zum gewünschten Feinheitsgrad. Dieser aromatisierte Zucker eignet sich sehr gut für Süßspeisen, für die abgeriebene Zitronen- oder Orangenschale benötigt wird.

Das Oberteil der Mühle können Sie nach Gebrauch unter fließendem Wasser abspülen, das Unterteil mit dem Messer darf nicht unter Wasser getaucht werden. Wischen Sie es mit einem Tuch trocken oder feucht aus.

Die Reinigung

Nach jedem Gebrauch sollten Sie den Zauberstab® gleich reinigen, damit nichts eintrocknen oder sich festsetzen kann. Halten Sie das Arbeitsteil des ausgeschalteten Zauberstabs einfach unter fließendes Wasser. Übrigens ist es auch nicht tragisch, wenn das Antriebsteil des Zauberstabs® mit Wasser in Berührung kommt. Die Geräte sind bis zum Griff wasserdicht. Vermeiden Sie jedoch das Eindringen von Flüssigkeit in die Schalteröffnung.

Bei hartnäckigen Speiseresten reinigen Sie den Zauberstab® am besten, indem Sie das Arbeitsteil in ein hohes Gefäß mit heißem Wasser halten und das Gerät kurz laufen lassen. Sollte sich der Zauberstab® einmal nicht mehr drehen, weil er längere Zeit unbenutzt war oder weil vielleicht doch irgendwelche Speisereste eingetrocknet sind, stellen Sie das Arbeitsteil für etwa 5 Minuten in heißes Wasser, dem Sie etwas Spülmittel zugesetzt haben. Danach sollte der Zauberstab® wieder einwandfrei und ohne Probleme arbeiten.

Hinweise zu den Rezepten

Damit beim Nachkochen nichts mehr schief gehen kann, finden Sie hier noch einige Hinweise: Die Zeitbegriffe bei den Rezepten sollen Ihnen helfen, den Arbeitsaufwand möglichst gut einschätzen zu können. Die beiden verwendeten Begriffe „geht schnell" und „braucht Zeit" lassen sich nicht exakt in Minuten messen, da sie sich zum Teil auf komplette Hauptgerichte mit Beilagen beziehen, zum Teil aber nur auf Suppen oder Vorspeisen.

Gerichte, die in maximal 1 Stunde fertig zuzubereiten sind, sind mit dem Begriff „geht schnell" gekennzeichnet. Dauert die gesamte Zubereitung länger als 1 Stunde, fallen die Rezepte unter die Kategorie „braucht Zeit".

Die Backofentemperaturen beziehen sich auf einen Elektrobackofen mit Ober- und Unterhitze. Wenn Sie mit Gas oder Umluft arbeiten, rechnen Sie die Werte bitte entsprechend den Herstellerangaben für Ihren Herd um.

Die Abkürzungen

Damit mehr Platz für Erklärungen bleibt, wurden im folgenden Rezeptteil einige Begriffe der Zutatenliste abgekürzt. Im Folgenden finden Sie eine Aufstellung der verwendeten Abkürzungen und ihrer Bedeutung:

EL	=	Esslöffel (gestrichen)
TL	=	Teelöffel (gestrichen)
Msp.	=	Messerspitze
ml	=	Milliliter
l	=	Liter
g	=	Gramm
kg	=	Kilogramm
cm	=	Zentimeter
mm	=	Millimeter
Bd.	=	Bund
P.	=	Päckchen
TK-...	=	Tiefkühl-...
Ø	=	Durchmesser
ca.	=	circa

Frühlingsküche

Locker und beschwingt kommt er daher, der Frühling – auch kulinarisch. Nun weckt das erste frische Grün von knackigen Salaten und zarten Kräutern die Lebensgeister und frische Gemüse- und Fischgerichte machen munter.

Schaumsuppe von jungem Knoblauch

4 Personen

geht schnell

100 g junge Knoblauchzehen
4 EL Rapsöl
2 EL Wermut
¼ l Weißwein
¾ l Geflügelfond
Salz
weißer Pfeffer aus der Mühle
100 ml Sahne
100 g Crème fraîche
2 Scheiben Toastbrot
120 ml Olivenöl
8 Knoblauchzehen
3 EL geschlagene Sahne
1 EL gezupfte Blattpetersilie

Die Knoblauchzehen schälen und in dünne Scheiben schneiden. Das Rapsöl erhitzen und den Knoblauch darin hell anschwitzen. Mit dem Wermut ablöschen und mit Weißwein und Geflügelfond auffüllen. Alles etwas einkochen lassen und mit Salz und Pfeffer würzen.

Die Sahne und die Crème fraîche dazugeben und wieder einkochen lassen, bis die Suppe sämig wird. Die Suppe mit dem Multimesser des Zauberstabs pürieren und nochmals mit Salz und Pfeffer abschmecken.

Das Toastbrot entrinden und in Würfel schneiden. 2 EL Olivenöl in einer Pfanne erhitzen und die Brotwürfel darin goldbraun braten.

Die Knoblauchzehen schälen und in feine Scheiben schneiden. Das restliche Olivenöl erhitzen und den Knoblauch darin knusprig ausbacken. Die Knoblauchchips auf Küchenkrepp abtropfen lassen und leicht salzen.

Die geschlagene Sahne in die Suppe geben und mit der Schlagscheibe des Zauberstabs schaumig aufschlagen. Die Suppe in 4 Teller füllen und die gerösteten Brotwürfel und die Knoblauchchips darauf streuen. Die Suppe mit der Blattpetersilie garnieren.

Mein Tipp

Bereiten Sie diese Suppe nur mit ganz jungem Knoblauch zu. Älterer, schon länger gelagerter Knoblauch schmeckt ziemlich streng und leicht muffig. Achten Sie beim Ausbacken der Knoblauchchips darauf, dass sie nicht zu dunkel werden, sie schmecken sonst bitter.

geht schnell

1 Bd. Minze
6 – 8 Fingerkarotten
3/4 l Ananassaft
3 EL Honig
6 Eiswürfel
Nelken aus der Mühle
gemahlener Chili

Fitnessdrink mit jungen Karotten

4 Personen

Die Minzeblättchen von den Stängeln zupfen, waschen und trockentupfen. Die Fingerkarotten waschen, schälen und fein reiben.

Den Ananassaft, die Minzeblättchen, die geriebenen Karotten, den Honig und die Eiswürfel mit dem Multimesser des Zauberstabs schaumig mixen.

Den Fitnessdrink mit frisch gemahlenen Nelken und Chili abschmecken, in 4 Gläser verteilen und sofort servieren.

Mein Tipp

Karotten sind magenfreundlich, regen den Appetit an und wirken blutreinigend. Deshalb sind sie auch als Schonkost gut geeignet. Karotten sind im Frühjahr besonders fein im Geschmack. Im Kühlschrank lassen sie sich bis zu einer Woche lagern. Wenn Sie Karotten kochen, sollten Sie immer etwas Fett zugeben, damit der Körper die Vitamine besser aufnehmen kann.

Spargelsalat mit Kräutervinaigrette

4 Personen

geht schnell

16 Stangen weißer Spargel
2 kleine Schalotten
½ Zitrone
125 g Butter
Salz
½ rote Paprikaschote
½ gelbe Paprikaschote
3 EL weißer Balsamessig
3 EL Limonenöl
1 EL fein gehackter Kerbel
1 EL Schnittlauchröllchen
weißer Pfeffer aus der Mühle
1 Prise Zucker
Kerbelblättchen zum Garnieren
Friséesalat zum Garnieren

Den Spargel waschen, schälen und das holzige Ende wegschneiden.

Die Schalotten schälen und fein würfeln. Von der Zitrone zwei Scheiben abschneiden und von der Schale befreien. Die Hälfte der Butter in einem Topf erhitzen, die Schalottenwürfel darin hell anschwitzen und den tropfnassen Spargel darauf geben. Die restliche Butter darüber verteilen, salzen und die Zitronenscheiben darauf legen. Den Topf mit einem Deckel fest verschließen und den Spargel bei schwacher Hitze knapp 10 Minuten garen.

In der Zwischenzeit die Paprikaschoten schälen, putzen und fein würfeln. Den Spargel vorsichtig mit einer Schaumkelle aus dem Topf nehmen und warm stellen. Den Kochsud etwas abkühlen lassen.

Den Balsamessig zu dem Kochsud geben und mit dem Multimesser des Zauberstabs aufmixen. Unter ständigem Mixen das Limonenöl einlaufen lassen. Die Paprikawürfel und die Kräuter dazugeben und die Vinaigrette mit Salz, Pfeffer und Zucker abschmecken.

Die warmen Spargelstücke mit der Kräutervinaigrette marinieren, auf 4 Tellern anrichten und mit gewaschenen Kerbelblättchen und Friséesalat garnieren.

Mein Tipp

Spargel ist kalorienarm, er wirkt entschlackend und beruhigend. Importierter Spargel ist ab Februar erhältlich, einheimischer von April bis Juni. Achten Sie beim Kauf darauf, dass die Köpfe fest geschlossen sind. Die Schnittfläche sollte hell, glatt und noch etwas saftig und auf keinen Fall angeschimmelt sein. Frischen Spargel erkennen Sie auch daran, dass die Stangen leicht knirschen, wenn man sie aneinander reibt.

Salat von jungen Artischocken in Ratatouillevinaigrette mit mariniertem Kaninchenrücken

4 Personen

braucht Zeit

12 kleine violette Artischocken
12 Perlzwiebeln
10 EL Olivenöl
2 Rosmarinzweige
1 Thymianzweig
2 Knoblauchzehen
20 g gewürfelter Frühstücksspeck
Salz
weißer Pfeffer aus der Mühle
2 EL Balsamessig
2 Kaninchenrücken
10 g gewürfelter Speck
1 EL weißer Portwein
3 EL Weißwein
50 ml Kalbsfond (aus dem Glas)
1 TL Dijonsenf
4 rote Paprikaschoten
1 gelbe Paprikaschote
1 rote Zwiebel
1 Zucchini
1 kleine Aubergine
150 ml Tomatensaft
gemahlener Chili
1 TL Speisestärke
1 EL gehackte Petersilie
½ Kopf Friséesalat
50 g Rucola

Den Backofen auf 200 °C vorheizen. Die Artischocken tournieren und halbieren. Die Perlzwiebeln schälen und mit den Artischocken in 2 EL Olivenöl anschwitzen. 1 Rosmarinzweig, den Thymian, 1 ungeschälte, angedrückte Knoblauchzehe und den Frühstücksspeck hinzufügen und im Backofen auf der mittleren Schiene zugedeckt ca. 10 Minuten schmoren. Die Kräuter und den Knoblauch entfernen und die Artischocken mit Salz, Pfeffer und 1 EL Balsamessig abschmecken. Die Backofentemperatur auf 150 °C reduzieren.

Kaninchenrücken auslösen und putzen. Mit restlichem Rosmarin, Speck und 1 ungeschälten und halbierten Knoblauchzehe in 2 EL Olivenöl scharf anbraten. Mit Salz und Pfeffer würzen, auf einem mit Alufolie ausgelegten Blech im Ofen auf der mittleren Schiene in 3–4 Minuten fertig garen.

Bratensatz mit Port- und Weißwein ablöschen, mit dem Fond auffüllen und etwas einkochen lassen. Flüssigkeit passieren. Senf und 1 EL Balsamessig dazugeben und mit der Quirlscheibe des Zauberstabs aufmixen. Unter ständigem Mixen 3 EL Olivenöl einlaufen lassen, mit Salz und Pfeffer abschmecken. Das Kaninchenfleisch in dünne Scheiben geschnitten marinieren.

1 rote und die gelbe Paprikaschote putzen, schälen und fein würfeln.
Die Zwiebel schälen und in feine Würfel schneiden. Die äußeren Schichten der Zucchini und der Aubergine fein würfeln und alles in 2 EL Olivenöl anschwitzen. Das Gemüse mit Salz und Pfeffer würzen.

Den restlichen Paprika putzen, waschen und grob würfeln. Die Paprikawürfel und den Tomatensaft mit dem Multimesser des Zauberstabs fein pürieren und durch ein Tuch in einen Topf pressen. Die Flüssigkeit auf ein Drittel einkochen lassen, mit Salz und Chili würzen, mit der in etwas kaltem Wasser angerührten Speisestärke binden und abkühlen lassen. Die Gemüsewürfel und die Petersilie in die ausgekühlte Vinaigrette geben.

Die Artischocken ohne Flüssigkeit auf 4 Tellern anrichten. Das abgekühlte Fleisch darauf verteilen, mit gewaschenem und verlesenem Friséesalat und Rucola umlegen und alles mit der Ratatouillevinaigrette beträufeln.

Riesengarnelen in Tempurateig mit Frühlingszwiebelsalat

4 Personen

geht schnell

1 Bd. Frühlingszwiebeln
1 große Knoblauchzehe
3 EL weißer Balsamessig
2 EL Geflügelfond
1 EL Zucker
Salz
8 EL Olivenöl
gemahlener Chili
1 EL gehackter Koriander
1 TL gehackter Ingwer
1 Mango
2 Eigelb
400 ml Eiswasser
125 g Mehl
125 g Speisestärke
8 Riesengarnelen
Mehl zum Wenden
300 g Pflanzenfett
2 EL süße Chilisauce

Die Frühlingszwiebeln waschen, putzen und in feine Ringe schneiden. Die Knoblauchzehe schälen und fein hacken.

Den Balsamessig, Geflügelfond, Zucker und Salz mit dem Multimesser des Zauberstabs aufmixen. Unter ständigem Mixen langsam das Olivenöl einlaufen lassen. Die Marinade mit gemahlenem Chili, dem Koriander, dem gehackten Knoblauch und dem gehackten Ingwer würzen. Die Frühlingszwiebeln mit der Marinade mischen und den Salat mit Salz abschmecken.

Die Mango schälen und in dünne Scheiben schneiden. 4 Teller mit den Mangoscheiben auslegen und den Frühlingszwiebelsalat darauf anrichten.

Die Eigelbe, Eiswasser, Mehl, Speisestärke und ½ TL Salz mit dem Multimesser des Zauberstabs zu einem glatten Tempurateig mixen.

Die Riesengarnelen ausbrechen und säubern. Die Garnelen in etwas Mehl wälzen, durch den Tempurateig ziehen und im heißen Pflanzenfett goldgelb ausbacken.

Die Riesengarnelen auf Küchenkrepp abtropfen lassen, leicht salzen und auf dem Frühlingszwiebelsalat anrichten. Alles mit der süßen Chilisauce beträufeln und sofort servieren.

Mein Tipp

Riesengarnelen werden oft als Hummerkrabben oder King Prawns angeboten. Sie sind gekocht, tiefgefroren oder roh, mit und ohne Schale und Kopf erhältlich. Aus den Karkassen können Sie übrigens einen Krustentierfond kochen. Falls Sie ihn nicht gleich benötigen, lässt er sich problemlos einfrieren.

Steinbuttfilets auf Frühlingszwiebel-Gemüse mit Zitronengrasschaum und Lauchstroh

4 Personen

braucht Zeit

100 g frisches Zitronengras
200 ml Fischfond
½ Stange Lauch
½ l Öl
Salz
200 g fest kochende Kartoffeln
1 Tomate
4 Frühlingszwiebeln
3 EL Rapsöl
weißer Pfeffer aus der Mühle
100 ml Sahne
1 Baby-Steinbutt
Saft von 2 Limetten
50 g kalte Butter
2 EL Öl
2 Thymianzweige
4 Knoblauchzehen
2 EL geschlagene Sahne

Das Zitronengras mit einer Schere klein schneiden, einen Stängel zurückbehalten, den Rest im Fischfond aufkochen und ca. 30 Minuten ziehen lassen.

Inzwischen den Lauch waschen, putzen und in sehr feine Streifen schneiden. Die Lauchstreifen in heißem Öl frittieren, der Lauch soll hell bleiben. Das Lauchstroh auf Küchenkrepp abtropfen lassen und salzen.

Die Kartoffeln schälen, waschen und in kleine Würfel schneiden. Die Tomate kreuzweise einritzen, mit kochendem Wasser überbrühen, die Haut abziehen, den Stielansatz und die Kerne entfernen, das Fruchtfleisch fein würfeln. Die Frühlingszwiebeln waschen, putzen und in feine Ringe schneiden.

Das Rapsöl in einer Pfanne erhitzen und die Kartoffelwürfel darin goldbraun braten. Die Frühlingszwiebeln dazugeben, kurz mitbraten und das Kartoffel-Frühlingszwiebel-Gemüse mit Salz und Pfeffer würzen. Die Tomatenwürfel hinzufügen und das Gemüse warm stellen.

Die Sahne zum Fischfond geben und alles auf die Hälfte einkochen lassen. Inzwischen den Steinbutt filetieren, die Haut abziehen, die Filets waschen und trockentupfen.

Die reduzierte Fischfond-Sahne-Mischung durch ein Sieb passieren, den Limettensaft hinzufügen und stückchenweise die kalte Butter einrühren. Die Sauce mit Salz und Pfeffer abschmecken.

Das Öl in einer Pfanne erhitzen und die Baby-Steinbuttfilets ca. 1 Minute anbraten. Den Thymian und die ungeschälten halbierten Knoblauchzehen dazugeben, den Fisch wenden, salzen und pfeffern und bei milder Hitze fertig braten. Die Zitronengrassauce mit der Quirlscheibe des Zauberstabs schaumig aufschlagen und zum Schluss die geschlagene Sahne unterrühren.

Das Kartoffel-Frühlingszwiebel-Gemüse auf 4 Tellern anrichten, den Fisch darauf legen und mit dem Zitronengrasschaum überziehen. Alles mit dem Lauchstroh und Zitronengrasstängel garnieren.

Gebratene Forellenfilets auf Orangen-Spargel-Butter mit neuen Kartoffeln

4 Personen

geht schnell

4 große neue Kartoffeln
4 Orangen (1 unbehandelt)
3 Schalotten
8 Stangen gegarter Spargel
4 Forellenfilets (mit Haut)
40 g Butterschmalz
80 g kalte Butter
150 ml Spargelfond
Salz
gemahlener Chili
1 EL Estragonblättchen
3 EL geschlagene Sahne
2 Thymianzweige
1 Rosmarinzweig
2 Knoblauchzehen
weißer Pfeffer aus der Mühle

Die Kartoffeln waschen und schälen. Von der unbehandelten Orange die Schale abreiben. 2 Orangen auspressen, die beiden anderen filetieren. 2 Schalotten schälen und fein würfeln, die dritte Schalotte halbieren. Die Spargelstangen in ca. 3 cm lange Stücke schneiden.

Die Forellenfilets von noch vorhandenen Gräten befreien. Aus den Kartoffeln mit einem Ausstecher Kugeln ausstechen. 20 g Butterschmalz in einer Pfanne erhitzen und die Kartoffelkugeln darin bei milder Hitze braten.

Inzwischen 20 g Butter in einem Topf erhitzen. Die Schalottenwürfel und die Orangenschale darin anschwitzen. Mit dem Orangensaft und dem Spargelfond ablöschen. Die Flüssigkeit auf die Hälfte einkochen lassen.

Die eingekochte Flüssigkeit mit dem Multimesser des Zauberstabs aufmixen und dann mit der restlichen kalten Butter schaumig mixen. Die Sauce mit Salz und Chili würzen. Die Orangenfilets und die Spargelstücke in die Sauce geben. Den Estragon fein schneiden und mit der geschlagenen Sahne unterrühren. Die Sauce auf 4 Tellern anrichten.

Das restliche Butterschmalz erhitzen und die Forellenfilets auf der Hautseite anbraten. Thymian, Rosmarin, die halbierte Schalotte und die ungeschälten Knoblauchzehen dazugeben und mitbraten, bis die Forellenfilets auf der Hautseite knusprig sind. Den Fisch wenden und auf der zweiten Seite in ca. 1 Minute fertig braten. Die Forellenfilets herausnehmen, auf Küchenkrepp kurz abtropfen lassen und mit Salz und Pfeffer würzen.

Die gebratenen Kartoffelkugeln salzen. Die Forellenfilets auf der Orangensauce anrichten und die Kartoffelkugeln rund um den Fisch verteilen.

Mein Tipp

Zum Filetieren der Orangen schneiden Sie die Schale oben und unten großzügig weg und entfernen dann von oben nach unten die übrige Schale samt der weißen, pelzigen Haut. Mit einem kleinen Messer schneiden Sie neben der Trennwand bis zur Mitte ein und lösen das Filet mit einem zweiten Schnitt.

Ravioli von Räucher- und Frischlachs mit Basilikumpesto und jungem Blattspinat

4 Personen

braucht Zeit

200 g Mehl und Mehl für die Arbeitsfläche
50 g Hartweizengrieß
9 Eigelb
2 EL Olivenöl
Salz
12 Lachsscheiben à ca. 50 g (ohne Haut und Gräten)
12 dünne Scheiben Räucherlachs
12 Basilikumblätter
weißer Pfeffer aus der Mühle
3 Knoblauchzehen
1 Bd. Basilikum
¼ l Olivenöl
40 g frisch geriebener Parmesan
30 g geröstete Pinienkerne
500 g junger Blattspinat
1 große Schalotte
40 g Butter
100 ml Weißwein
100 ml Sahne
frisch geriebener Muskat

Das Mehl mit Hartweizengrieß vermischen und mit 7 Eigelben, 2 EL Olivenöl und 1 Prise Salz zu einem glatten Teig verkneten. Den Nudelteig in Frischhaltefolie einwickeln und ca. 1 Stunde ruhen lassen. In die Lachsscheiben vorsichtig eine Tasche schneiden und mit je 1 Scheibe Räucherlachs und 1 gewaschenen Basilikumblatt füllen. Die Lachsscheiben salzen und pfeffern.

Den Nudelteig auf einer bemehlten Arbeitsfläche in zwei Portionen dünn ausrollen. Die restlichen Eigelbe verquirlen und eine Teigplatte damit bestreichen. Die gefüllten Lachsscheiben darauf legen, mit der zweiten Teigplatte bedecken und den Teig zwischen den Lachsscheiben gut festdrücken. Die Lachsscheiben mit einem Ausstecher rechteckig so ausstechen, dass ein Rand von ca. 5 mm bleibt. Die Ränder mit einer Gabel festdrücken. Die Ravioli in reichlich siedendem Salzwasser ca. 5 Minuten köcheln lassen.

Den Knoblauch schälen und hacken. Die gewaschenen Basilikumblätter, 2 gehackte Knoblauchzehen, etwas Salz, Pfeffer sowie das Olivenöl mit dem Multimesser des Zauberstabs pürieren. Den Parmesan und die Pinienkerne hinzufügen und so lange mixen, bis eine dickflüssige Sauce entsteht.

Den Spinat gründlich waschen und die harten Rippen herausschneiden. Die Spinatblätter in Salzwasser einmal aufkochen, kurz abschrecken und sehr gut abtropfen lassen. Die Schalotte schälen und fein würfeln.

20 g Butter in einem Topf erhitzen und die Schalottenwürfel darin hell anschwitzen. Mit dem Weißwein ablöschen und etwas einkochen lassen. Die Sahne hinzufügen und so lange köcheln lassen, bis eine sämige Sauce entsteht. Die Sauce mit dem Multimesser des Zauberstabs schaumig aufschlagen. Den Spinat dazugeben und mit Salz, Pfeffer, Muskat und dem restlichen gehackten Knoblauch würzen.

Die restliche Butter in einer Pfanne erhitzen und die gut abgetropften Ravioli darin vorsichtig braten. Etwas Basilikumpesto dazugeben und kurz mitschwenken. Den Blattspinat auf 4 Tellern anrichten, die Ravioli darauf geben und mit dem restlichen Pesto beträufeln.

Kalbsmedaillons auf Morchelnudeln und Ingwerkarotten

4 Personen

braucht Zeit

200 g Mehl und Mehl für die Arbeitsfläche
50 g Hartweizengrieß
7 Eigelb
3 EL Olivenöl
Salz
2 kleine Zwiebeln
700 g Karotten
1 kleine Ingwerknolle
70 g Butter
1 EL Zucker
50 g geröstete Pinienkerne
2 Schalotten
2 Knoblauchzehen
150 g frische Morcheln
150 ml Sahne
40 g Butterschmalz
600 g sauber geputztes Kalbsfilet
weißer Pfeffer aus der Mühle
4 Thymianzweige
3 EL geschlagene Sahne
1 EL gehackte Petersilie
2 EL dunkler Kalbsfond (aus dem Glas)
Kerbelblättchen zum Garnieren

Das Mehl mit dem Hartweizengrieß vermischen und mit den Eigelben, 2 EL Olivenöl und 1 Prise Salz zu einem glatten Teig verkneten. Den Nudelteig in Frischhaltefolie einwickeln und ca. 1 Stunde ruhen lassen.

Den Nudelteig auf einer bemehlten Arbeitsfläche oder mit der Nudelmaschine dünn ausrollen und mit einem scharfen Messer oder der Maschine Bandnudeln schneiden. Die Nudeln in reichlich Salzwasser mit 1 EL Olivenöl bissfest garen, in ein Sieb gießen und mit kaltem Wasser abschrecken.

Die Zwiebeln schälen und fein würfeln. Die Karotten waschen, schälen und der Länge nach in Scheiben schneiden. Die Ingwerknolle schälen und fein hacken. 50 g Butter in einem Topf erhitzen und die Zwiebelwürfel darin glasig dünsten. Den Zucker dazugeben und die Zwiebeln damit glasieren. Die Karotten und den Ingwer hinzufügen und zugedeckt ca. 10 Minuten dünsten. Zum Schluss die Pinienkerne dazugeben und salzen.

Die Schalotten und den Knoblauch schälen und fein hacken. Die Morcheln putzen. Die restliche Butter in einem Topf erhitzen und Zwiebeln und Knoblauch darin hell anschwitzen. Mit der Sahne ablöschen und etwas einkochen lassen. 20 g Butterschmalz in einer Pfanne erhitzen und die Morcheln darin ca. 3 Minuten braten. Die eingekochte Sahne mit dem Multimesser des Zauberstabs schaumig mixen und die Morcheln unterrühren.

Den Backofen auf 120 °C vorheizen. Das Kalbfleisch in vier Medaillons schneiden und mit Salz und Pfeffer würzen. 20 g Butterschmalz in einer Pfanne erhitzen und die Medaillons darin auf beiden Seiten scharf anbraten. Die Thymianzweige dazugeben und kurz mitbraten. Alles auf ein mit Alufolie belegtes Backblech legen und im Backofen auf der mittleren Schiene in 8–10 Minuten fertig garen. Die Nudeln in die Morchelsahne geben und einmal aufkochen lassen.

Die Morchelnudeln mit der geschlagenen Sahne und der Petersilie verfeinern und mit Salz und Pfeffer würzen. Die Kalbsmedaillons auf den Morchelnudeln anrichten, die Ingwerkarotten dazugeben, die Kalbsmedallions mit dunklem Kalbsfond überziehen und mit gewaschenen Kerbelblättchen garnieren.

Gratin von der Lachsforelle mit Sauerampfer

4 Personen

geht schnell

- 2 Lachsforellenfilets à ca. 200 g
- 2 EL flüssige Butter
- Salz
- weißer Pfeffer aus der Mühle
- Koriander aus der Mühle
- 2 große Schalotten
- 80 g kalte Butter
- 2 EL Wermut
- 100 ml Fischfond
- 60 ml Sahne
- 100 g frischer Sauerampfer
- 2 EL geschlagene Sahne
- 1 Eigelb

Die Lachsforellenfilets von den Bauchlappen befreien, die Haut abziehen und die Gräten entfernen. Den Fisch waschen und trockentupfen. 4 Teller mit der flüssigen Butter einpinseln.

Mit einem Filiermesser von dem Lachsforellenfilet Scheiben schneiden und auf den Tellern nebeneinander anrichten. Die Lachsscheiben mit Salz, Pfeffer und Koriander aus der Mühle würzen.

Die Schalotten schälen und fein würfeln. In einer Sauteuse oder einem breiten Topf 20 g Butter aufschäumen lassen und die Schalottenwürfel darin glasig anschwitzen. Mit dem Wermut ablöschen und mit dem Fischfond auffüllen. Die Sahne dazugeben und alles auf ein Drittel einkochen lassen.

Den Backofengrill auf 250 °C vorheizen. Den Sauerampfer waschen, trockentupfen und die Stiele entfernen. Die Blätter in sehr feine Streifen schneiden und über die Lachforellenrosetten verteilen.

Die restliche kalte Butter stückchenweise mit dem Multimesser des Zauberstabs in die eingekochte Sahne mixen und die Sauce damit binden. Die geschlagene Sahne und das Eigelb mit der Quirlscheibe in die Sauce mixen. Die Sauce darf nicht mehr kochen, damit das Eigelb nicht gerinnt.

Die Lachsforellenrosetten mit der Sauce überziehen, unter dem Backofengrill 4–5 Minuten überbacken und sofort servieren.

Mein Tipp

Sauerampfer wächst wild auf feuchten Wiesen, wird aber auch kultiviert. Er wirkt verdauungsfördernd, entschlackend und blutbildend. Frischer heimischer Sauerampfer wird von März bis Mai angeboten. Je älter der Sauerampfer, desto schärfer und intensiver sein Aroma.

Mit Spargel gefüllte Lachsschnitten im Kräuteraromadampf mit Tomatenvinaigrette

4 Personen

geht schnell

4 Lachsscheiben à 150 g
Salz
weißer Pfeffer aus der Mühle
Koriander aus der Mühle
4 Stangen gegarter Spargel
300 g fest kochende Kartoffeln
4 Schalotten
3 Knoblauchzehen
2 Tomaten
3 EL Gemüse- oder Geflügelbrühe
3 EL weißer Balsamessig
110 ml Olivenöl
1 EL gehackte Petersilie
30 g Butter
4 EL trockener Wermut
100 ml Weißwein
100 ml Fischfond
2 Estragonzweige
2 Thymianzweige
1 EL Schnittlauchröllchen
Schnittlauchspitzen zum Garnieren

In die Lachsscheiben mit einem scharfen Messer ein Loch von ca. 1 cm Ø stechen. Den Lachs mit Salz, Pfeffer und Koriander aus der Mühle würzen. In jede Lachsscheibe eine Spargelstange stecken.

Die Kartoffeln waschen und in Salzwasser gar kochen, abgießen, etwas ausdämpfen lassen, pellen und in Spalten schneiden.

Die Schalotten schälen, 2 halbieren, die beiden anderen fein würfeln. Den Knoblauch schälen, 2 Zehen fein hacken. Die Tomaten kreuzweise einritzen, mit kochendem Wasser überbrühen, kalt abschrecken, die Haut abziehen, den Stielansatz und die Kerne entfernen und das Fruchtfleisch fein würfeln.

Die Schalottenwürfel in der Gemüse- oder Geflügelbrühe kurz blanchieren und abkühlen lassen. Den Balsamessig mit dem Multimesser des Zauberstabs aufschlagen und salzen. Unter ständigem Mixen 80 ml Olivenöl einlaufen lassen und anschließend die Brühe mit den Schalotten untermixen. Die Tomatenwürfel, den gehackten Knoblauch und die Petersilie dazugeben und die Vinaigrette mit Pfeffer abschmecken.

Die Butter in einer Pfanne erhitzen und die Kartoffeln darin goldbraun braten. Während die Kartoffeln braten, in einem Topf, in den ein Dämpfeinsatz passt, 3 EL Olivenöl erhitzen und die halbierten Schalotten und die ganze Knoblauchzehe anschwitzen. Mit dem Wermut ablöschen, Weißwein und Fischfond angießen, Estragon und Thymian hinzufügen und alles zum Kochen bringen.

Die Lachsscheiben in den Dämpfeinsatz legen und diesen in den Topf setzen. Den Lachs bei geschlossenem Deckel ca. 5 Minuten dämpfen. Er soll innen noch rosa und leicht glasig sein.

Die Kartoffeln mit Salz und Pfeffer würzen und die Schnittlauchröllchen darüber streuen. Die gedämpften Lachsscheiben auf 4 Tellern anrichten und mit der Tomatenvinaigrette überziehen. Die Kartoffeln dazugeben und alles mit Schnittlauchspitzen garnieren.

Rindergulasch mit Bärlauchspätzle

4 Personen

braucht Zeit

1,2 kg Rinderhüfte
6 Knoblauchzehen
½ TL Kümmel
Schale von ½ Zitrone (unbehandelt)
½ EL Majoranblättchen
½ EL Rosmarinnadeln
3 EL Weißweinessig
Salz
weißer Pfeffer aus der Mühle
40 g Paprikapulver, edelsüß
1 kg Zwiebeln
60 g Butterschmalz
1 EL Tomatenmark
1,5 l Fleischbrühe
5 Eier
220 g Mehl
frisch geriebener Muskat
2 EL sehr fein gehackter Bärlauch
30 g Butter
etwas frischer Majoran zum Garnieren

Das Fleisch waschen, trockentupfen, von Sehnen und Haut befreien und in grobe Würfel schneiden.

Den Knoblauch schälen und fein hacken. Kümmel, Zitronenschale, Majoran und Rosmarin ebenfalls fein hacken. Den Knoblauch und die Gewürze mit dem Essig, Salz und Pfeffer gut verrühren. Das Paprikapulver dazugeben und die Fleischwürfel gründlich mit dieser Gewürzpaste vermengen.

Die Zwiebeln schälen und würfeln. Das Butterschmalz in einem großen Topf erhitzen und die Zwiebelwürfel darin unter häufigem Rühren goldbraun braten.

Das Tomatenmark hinzufügen und mit der Fleischbrühe aufgießen. Das marinierte Fleisch dazugeben und ca. 1 Stunde schmoren.

In der Zwischenzeit die Eier in einer Schüssel mit der Quirlscheibe des Zauberstabs glatt rühren. Nach und nach das Mehl untermixen. Wenn das Mehl untergerührt ist, den Teig so lange schlagen, bis er Blasen wirft. Mit Salz, Pfeffer und Muskat würzen. Den sehr fein gehackten Bärlauch unter den Teig rühren und mit der Quirlscheibe weiterschlagen.

In einem breiten Topf reichlich Salzwasser zum Kochen bringen. Den Spätzleteig durch eine Spätzlepresse in das kochende Wasser drücken. Wenn die Spätzle oben schwimmen, mit einem Schaumlöffel herausnehmen, in kaltem Wasser abschrecken und abtropfen lassen.

Das weich geschmorte Fleisch aus der Sauce nehmen. Die Sauce mit dem Multimesser des Zauberstabs pürieren. Das Fleisch wieder in die Sauce geben und das Gulasch mit Salz und Pfeffer abschmecken.

Die Butter in einer Pfanne erhitzen und die Spätzle darin anbraten. Die Spätzle salzen und zusammen mit dem Gulasch servieren. Mit gewaschenen Majoranblättchen garnieren.

Vanilleeisparfait mit Erdbeeren in Orangenkaramell

4 Personen

braucht Zeit

5 Eigelb
150 g Zucker
Mark von 1 Vanilleschote
4 EL Rum
450 ml Sahne
¼ l Orangensaft
80 ml Grand Marnier
Schale von 2 Orangen (unbehandelt)
400 g Erdbeeren
½ Bd. Minze
Minzeblättchen zum Garnieren

Für das Parfait 2 Eigelbe mit 60 g Zucker und 2 EL Wasser über einem heißen Wasserbad mit der Quirlscheibe des Zauberstabs schaumig aufschlagen. Die Creme vom Wasserbad nehmen und mit Vanillemark und Rum würzen. Die Creme auf Eis stellen und mit der Quirlscheibe des Zauberstabs auf kleiner Stufe kalt rühren.

¼ l Sahne mit der Schlagscheibe des Zauberstabs steif schlagen und mit einem Schneebesen unter die Creme heben. Die Creme in 4 Förmchen füllen, mit Frischhaltefolie abdecken und im Gefriergerät mindestens 8 Stunden durchfrieren lassen.

Für den Karamell 60 g Zucker in einem Topf schmelzen lassen, den Orangensaft und den Grand Marnier dazugießen und so lange kochen, bis sich der Zucker gelöst hat. Die Orangenschale sehr fein schneiden, in den Sud geben und alles sirupartig einkochen. Die Sauce vom Herd nehmen und abkühlen lassen.

Die Erdbeeren waschen, putzen und je nach Größe halbieren oder vierteln. Die Erdbeeren in den kalten Orangenkaramell geben.

Für die Minzcreme die restliche Sahne mit 30 g Zucker aufkochen. 3 Eigelbe unterrühren und die Sahne so weit erhitzen, dass eine dicke, cremige Masse entsteht. Auf keinen Fall kochen, sonst gerinnen die Eigelbe. Die Creme abkühlen lassen.

Die Minze waschen, trockenschleudern und die Blättchen von den Stängeln zupfen. Die Minzeblättchen mit einem kleinen Teil der Creme in einem Mixbecher mit dem Multimesser des Zauberstabs fein pürieren, dann mit der restlichen Creme verrühren.

Das Parfait aus den Förmchen nehmen, mit den Erdbeeren anrichten und die Minzcreme darüber verteilen. Alles mit gewaschenen Minzeblättchen garnieren.

Waldmeistercreme mit Rhabarber-Erdbeer-Kompott

4 Personen

braucht Zeit

4 Blatt Gelatine
¼ l Sahne
40 g Waldmeister
80 g Erdbeerkonfitüre
2 Eigelb
90 g Puderzucker
¼ l Milch
4 EL Waldmeisterlikör
600 g Rhabarber
500 g Erdbeeren
3 EL Honig
1 EL gehackter Ingwer
1 Zimtstange
Mark von 1 Vanilleschote
100 ml Weißwein
abgeriebene Schale von 1 Limone (unbehandelt)

Die Gelatine in kaltem Wasser einweichen. Die Sahne mit der Schlagscheibe des Zauberstabs steif schlagen. Den Waldmeister waschen, trockentupfen und fein hacken. Die Erdbeerkonfitüre durch ein Sieb streichen.

Die Eigelbe mit dem Puderzucker und der Milch über einem heißen Wasserbad mit der Quirlscheibe des Zauberstabs schaumig aufschlagen. Die eingeweichte Gelatine ausdrücken und in der warmen Eiermilch auflösen.

Die Eiermilch auf Eis stellen und mit der Quirlscheibe des Zauberstabs kalt schlagen. Kurz bevor die Masse zu gelieren beginnt, die geschlagene Sahne, den Waldmeisterlikör und den gehackten Waldmeister unterheben. Die Creme in eine Form füllen und mindestens 3 Stunden kalt stellen.

Den Rhabarber waschen, schälen, der Länge nach halbieren und in ca. 4 cm lange Stücke schneiden. Die Erdbeeren waschen, putzen und vierteln. Den Honig und die Erdbeerkonfitüre in einem Topf erhitzen, den gehackten Ingwer, die Zimtstange und das Vanillemark dazugeben. Mit dem Weißwein ablöschen und die Limonenschale hinzufügen. Den Rhabarber dazugeben und alles einmal aufkochen.

Den Rhabarber vom Herd nehmen, die Zimtstange entfernen, die Erdbeeren hinzufügen und das Kompott abkühlen lassen. Die Waldmeistercreme in Förmchen füllen, auf Teller stürzen und mit dem Rhabarber-Erdbeer-Kompott anrichten.

Leichte Fleisch-, Fisch- und Gemüsegerichte und kühlende Süßspeisen sind genau das Richtige im Sommer. Das reichhaltige Angebot an frischen Produkten lässt nun bestimmt keine Wünsche mehr offen!

Sommerküche

Tomaten-Mixdrink

4 Personen

geht schnell

- ½ l Tomatensaft
- 2 EL Balsamessig
- Saft von 2 Limonen
- abgeriebene Schale von 2 Limonen (unbehandelt)
- 3 EL Ahornsirup
- 6 Eiswürfel
- Salz
- gemahlener Chili

Den Tomatensaft, den Balsamessig, den Limonensaft und die Limonenschale, den Ahornsirup und die Eiswürfel mit dem Multimesser des Zauberstabs aufmixen.

Den Tomaten-Mixdrink mit Salz und gemahlenem Chili würzen, in 4 Gläser füllen und sofort servieren.

Mein *Tipp*

Besonders aromatisch schmeckt der Tomaten-Mixdrink, wenn Sie den Tomatensaft mit einem Entsafter frisch herstellen. Wenn Sie keinen Ahornsirup zur Hand haben oder den Geschmack nicht so gerne mögen, können Sie den Drink auch mit Honig oder etwas Zucker süßen. Experimentieren Sie ruhig etwas. Die Kombination von süß-säuerlichem und salzig-scharfem Geschmack hebt das Tomatenaroma besonders hervor.

geht schnell

250 g rote Paprikaschoten
250 g gelbe Paprikaschoten
200 g Staudensellerie
400 ml Gemüsebrühe
100 ml Tomatensaft
6 Eiswürfel
2 EL Balsamessig
2 EL Zucker
Salz
gemahlener Chili
150 ml Mineralwasser

Kalter Gemüsedrink

Personen

Den Paprika putzen, waschen und schälen. Den Staudensellerie waschen und putzen. Das Gemüse in kleine Würfel schneiden.

Die Gemüsewürfel mit der Gemüsebrühe, dem Tomatensaft, den Eiswürfeln, dem Balsamessig, Zucker und 1 Prise Salz mit dem Multimesser des Zauberstabs fein mixen.

Den Gemüsedrink mit gemahlenem Chili pikant abschmecken, in 4 Gläser gießen und mit dem Mineralwasser auffüllen.

Mein Tipp

Paprika regt den Kreislauf an, fördert die Verdauung und wirkt bakterienhemmend. Heimischer Paprika ist selten im Angebot, die Saison reicht von Juli bis September. Importierter Paprika ist das ganze Jahr über erhältlich. Im Gemüsefach des Kühlschranks hält sich Paprika 3–5 Tage.

Kalte Gurkensuppe

4 Personen

geht schnell

1 Salatgurke
1 kleine Zwiebel
1 Knoblauchzehe
½ l Geflügelbrühe
1 Spritzer Tabasco
Salz
weißer Pfeffer aus der Mühle
½ EL Zucker
100 g Crème fraîche
2 Scheiben Toastbrot
20 g Butter
2 Tomaten
4 Zweige Dill zum Garnieren

Die Salatgurke schälen, längs halbieren und die Kerne mit einem Löffel herauskratzen. Die Gurke anschließend in Würfel schneiden. Die Zwiebel schälen und fein würfeln. Den Knoblauch schälen und fein hacken.

Die Gurkenwürfel, die Zwiebeln, den Knoblauch und die Gemüsebrühe mit dem Multimesser des Zauberstabs fein pürieren. Die Suppe mit Tabasco, Salz, Pfeffer und Zucker abschmecken. Die Crème fraîche hinzufügen und nochmals durchmixen.

Das Toastbrot entrinden, in Würfel schneiden und in der Butter goldbraun rösten. Die Tomaten kreuzweise einritzen, mit kochendem Wasser überbrühen, die Haut abziehen, den Stielansatz und die Kerne entfernen und das Fruchtfleisch fein würfeln.

Die Suppe in 4 Tellern anrichten und mit den Brotwürfeln, den Tomatenstückchen und den gewaschenen Dillzweigen dekorieren.

Mein Tipp

Gurken zählen zu den Kürbispflanzen. Sie sind kalorienarm, enthalten aber viele Mineralien. Gurken wirkend entwässernd und regulieren den Blutzucker. Die beste Zeit für einheimische Ware ist Mai bis Oktober. Importierte Gurken sind das ganze Jahr über erhältlich. Da die Mineralstoffe unter der Schale liegen, sollten Sie Gurken nur dünn schälen. Frische Gurken erkennen Sie an der straffen Haut und daran, dass sie sich nicht biegen lassen.

Rucolaschaumsüppchen mit Curry

Personen

Die Magermilch einfrieren. Es dürfen sich nur Kristalle bilden, die Milch darf nicht völlig fest frieren. Die Schalotten und den Knoblauch schälen, die Schalotten fein würfeln. Den Rucola waschen, verlesen, trockenschleudern und grob zerkleinern.

Das Rapsöl in einem Topf erhitzen und die Schalottenwürfel darin glasig anschwitzen. Mit dem Weißwein ablöschen, etwas einkochen lassen, dann mit der Geflügelbrühe auffüllen. Die Rucolablätter, den zerdrückten Knoblauch, das Olivenöl, Salz und Pfeffer in einen Mixbecher geben und mit dem Multimesser des Zauberstabs sehr fein pürieren.

Die Sahne zu der Geflügelbrühe geben und die Suppe um etwa ein Drittel einkochen lassen. Die Suppe mit Salz und Pfeffer abschmecken, mit dem Multimesser des Zauberstabs aufschlagen und den Rucolapesto mit untermixen. Die Suppe in 4 Teller verteilen.

Die angefrorene Magermilch mit der Schlagscheibe des Zauberstabs schaumig aufschlagen. Den Milchschaum auf die Suppe verteilen und mit Curry bestreuen.

Den Parmaschinken in Streifen schneiden und vorsichtig auf den Curryschaum legen. Die Suppe mit gewaschenen Kerbelblättchen garnieren.

geht schnell

100 ml Magermilch (0,3 % Fett)

2 Schalotten

1 Knoblauchzehe

2 Bd. Rucola

2 EL Rapsöl

200 ml Weißwein

800 ml Geflügelbrühe

9 EL Olivenöl

Salz

weißer Pfeffer aus der Mühle

150 ml Sahne

1 EL Currypulver

4 Scheiben Parmaschinken

Kerbelblättchen zum Garnieren

Weiße Tomatenmousse mit Gemüsesalat

4 Personen

braucht Zeit

1 kg Tomaten
2 EL Basilikumblätter
5 Knoblauchzehen
Salz
weißer Pfeffer aus der Mühle
3 EL Weißweinessig
1 EL Zucker
2 Blatt Gelatine
100 ml Sahne
1 rote Paprikaschote
1 gelbe Paprikaschote
140 ml Olivenöl
1 Aubergine
2 kleine Zucchini
1 Rosmarinzweig
1 Thymianzweig
5 EL Balsamessig
gemahlener Chili
Öl zum Frittieren
Friséesalat zum Garnieren
Cocktailtomaten zum Garnieren

Die Tomaten waschen und grob würfeln. Die Basilikumblätter waschen und trockenschleudern. 2 Knoblauchzehen schälen und fein hacken. Die Tomatenwürfel, 5 Blätter Basilikum, den gehackten Knoblauch, Salz, Pfeffer, Weißweinessig und 1 EL Zucker mit dem Multimesser des Zauberstabs pürieren. Die Masse in ein Passiertuch geben, über Nacht aufhängen und abtropfen lassen. Den entstehenden klaren Fond auffangen.

Die Gelatine in kaltem Wasser einweichen. Die Sahne mit der Schlagscheibe des Zauberstabs steif schlagen. ¼ l des Tomatenfonds kurz aufkochen, auf ca. 60 °C abkühlen lassen und die ausgedrückte Gelatine darin auflösen. Den Fond mit Salz und Zucker abschmecken. Wenn die Masse gerade eben zu gelieren beginnt, mit der Schlagscheibe des Zauberstabs schaumig aufschlagen. Die Sahne unterheben und die Tomatenmousse kalt stellen.

Den Backofen auf 160 °C vorheizen. Die Paprikaschoten halbieren, vom Kerngehäuse befreien und waschen. Ein Backblech mit 2 EL Olivenöl einpinseln, die Paprikahälften mit der Hautseite nach oben darauf setzen und auf der mittleren Schiene im Backofen ca. 20 Minuten garen. Den Paprika herausnehmen, etwas abkühlen lassen und vorsichtig die Haut abziehen.

Aubergine und Zucchini waschen, putzen und in dicke Scheiben schneiden. 2 EL Olivenöl in einer Grillpfanne erhitzen und Gemüsescheiben von beiden Seiten grillen. Rosmarin- und Thymianzweig und die restlichen halbierten ungeschälten Knoblauchzehen mit durchschwenken. Kräuter und Knoblauch entfernen und das Gemüse salzen und pfeffern.

Paprika klein schneiden und mit Auberginen- und Zucchinischeiben in dem Balsamessig und 100 ml Olivenöl marinieren. 4 Basilikumblätter zurückbehalten, die restlichen grob zerzupfen und unter das Gemüse mischen. Den Gemüsesalat mit Salz und gemahlenem Chili abschmecken.

Das Frittieröl erhitzen und die 4 Basilikumblätter ganz kurz frittieren, herausnehmen und auf Küchenkrepp abtropfen lassen. Den Gemüsesalat auf 4 Tellern anrichten. Von der Tomatenmousse Nocken abstechen, auf den Gemüsesalat setzen und mit dem frittierten Basilikum, dem Friséesalat und gehäuteten Cocktailtomaten garnieren.

Herzhafter Gemüseaufstrich

4 Personen

geht schnell

100 g Blumenkohlröschen
Salz
80 g Tomaten aus der Dose
80 g Butter
100 g Magerquark
1 Schalotte
2 Knoblauchzehen
1 EL Schnittlauchröllchen
Saft von 1 Zitrone
weißer Pfeffer aus der Mühle
gemahlener Chili

Den Blumenkohl in Salzwasser weich kochen, abgießen und abkühlen lassen. Den Blumenkohl in einem Tuch gut ausdrücken. Den ausgedrückten Blumenkohl und die Tomaten mit dem Multimesser des Zauberstabs fein pürieren.

Die Butter mit der Quirlscheibe des Zauberstabs schaumig rühren. Den Quark und die Blumenkohl-Tomaten-Mischung dazugeben und alles gut verquirlen.

Die Schalotte und den Knoblauch schälen, sehr fein hacken und mit den Schnittlauchröllchen zu dem Gemüseaufstrich geben. Alles glatt rühren und mit Zitronensaft, Salz, Pfeffer und gemahlenem Chili würzen.

Mein Tipp

Blumenkohl ist leicht verdaulich. Die beste Zeit für heimischen Blumenkohl ist von Juni bis November, Importware ist das ganze Jahr über im Angebot. Im Übrigen ist es kein Qualitätsmangel, wenn Blumenkohl nicht rein weiß, sondern etwas elfenbeinfarben ist. Im Gemüsefach des Kühlschranks hält sich Blumenkohl 3–5 Tage.

geht schnell

- ½ Salatgurke
- ½ l Buttermilch
- Saft von 1 Zitrone
- 2 EL Honig
- 2 Tomaten
- gemahlener Chili
- Salz
- 200 ml Mineralwasser
- Minzeblättchen zum Garnieren

Gurken-Buttermilch-Flip

4 Personen

Die Gurke waschen, schälen und fein reiben. Die Buttermilch, die geriebene Gurke, den Zitronensaft und den Honig mit dem Multimesser des Zauberstabs aufmixen.

Die Tomaten kreuzweise einritzen, mit kochendem Wasser überbrühen, kalt abschrecken, die Haut abziehen, den Stielansatz und die Kerne entfernen und das Fruchtfleisch fein würfeln.

Die Tomatenwürfel zu der Buttermilch geben und den Flip mit gemahlenem Chili und Salz würzen. Mit gewaschenen Minzeblättchen garnieren.

Mein Tipp

Buttermilch schmeckt erfrischend säuerlich. Sie hat einen Fettgehalt von nur 1 % und ist damit ausgesprochen kalorienarm. Sie ist gesundheitlich wertvoll, unter anderem regt sie die Verdauung an. Im Angebot sind Süßrahm- und Sauerrahm-Buttermilch. Normale Buttermilch darf höchstens 10 % Wasser oder maximal 15 % Magermilch enthalten.

Geeistes Melonensüppchen mit gebackenen Himbeeren

4 Personen

braucht Zeit

40 g Zucker
100 g tiefgefrorene Himbeeren
20 g Puderzucker und Puderzucker zum Bestreuen
Saft von 3 Zitronen
4 Netzmelonen oder Kantalupmelonen
1 Ei
60 g Mehl
¼ l Reiswein (Sake)
½ l Öl
1 Prise Salz
ca. 40 Himbeeren
1 TL Honig
Mark von 1 Vanilleschote
10 Eiswürfel
2 EL Grand Marnier
Minzeblättchen zum Garnieren

20 g Zucker in 2–3 EL Wasser so lange kochen, bis sich der Zucker gelöst hat. Diesen Läuterzucker abkühlen lassen.

Die gefrorenen Himbeeren auftauen lassen und zusammen mit dem Puderzucker und dem Saft von 1 Zitrone mit dem Multimesser des Zauberstabs fein pürieren. Das Himbeermark durch ein feines Sieb passieren und kalt stellen.

Die Melonen im oberen Drittel mit einem scharfen Messer zickzackförmig einschneiden und den Deckel abheben. Die Kerne entfernen. Das Fruchtfleisch aus dem Deckel und dem unteren Teil der Melonen herauslösen, grob würfeln und in einen Mixbecher geben.

Das Ei trennen. Das Eiweiß und 20 g Zucker steif schlagen. Das Eigelb, das Mehl, 5 EL Reiswein, 1 EL Öl und 1 Prise Salz mit dem Multimesser des Zauberstabs zu einem glatten Teig mixen. Das geschlagene Eiweiß unter den Teig heben.

Das restliche Öl auf ca. 170 °C erhitzen. Die Himbeeren auf Holzzahnstocher stecken, durch den Teig ziehen und in dem heißen Öl goldgelb ausbacken. Die gebackenen Himbeeren herausnehmen und auf Küchenkrepp abtropfen lassen.

Die Melonenstücke, den restlichen Zitronensaft, den Honig, den Läuterzucker, das Vanillemark, den restlichen Reiswein, die Eiswürfel und den Grand Marnier mit dem Multimesser des Zauberstabs schaumig mixen.

Das Melonensüppchen in die ausgehöhlten Melonen füllen. Die gebackenen Himbeeren mit Puderzucker bestreuen und als Einlage in die Melonensuppe geben. Das Melonensüppchen mit gewaschenen Minzeblättchen und dem Himbeermark garnieren.

Räucherforellentörtchen in Dillgelee auf Tomaten-Rucola-Salat

4 Personen

braucht Zeit

320 ml Sahne
4 Blatt Gelatine
2 EL Wermut
4 EL Weißwein
Salz
weißer Pfeffer aus der Mühle
200 g Räucherforellenfilet
3 EL gehackter Dill
70 ml Fischfond
100 g Rucola und Rucola zum Garnieren
12 Cocktailtomaten
2 EL Limonenöl
weißer Balsamessig
Dillzweige zum Garnieren

90 ml Sahne mit der Schlagscheibe des Zauberstabs steif schlagen und kalt stellen. Die Gelatine in kaltem Wasser einweichen.

Den Wermut und 2 EL Weißwein mit der restlichen Sahne aufkochen, auf etwa 60 °C abkühlen lassen und 2 Blatt gut ausgedrückte Gelatine darin auflösen. Das Ganze mit wenig Salz und Pfeffer würzen, in den Mixbecher des Zauberstabs füllen, die zerteilten Forellenfilets dazugeben, alles mit dem Multimesser des Zauberstabs glatt mixen und kalt stellen.

Wenn die Masse eben zu gelieren beginnt, die geschlagene Sahne und 1 EL gehackten Dill unterheben. Die Räucherfischmousse bis knapp unter den Rand in Ringe füllen und kalt stellen.

Den restlichen Dill und den Fischfond mit dem Multimesser des Zauberstabs zu einer grünen Flüssigkeit mixen. 2 EL Weißwein aufkochen, auf ca. 60 °C abkühlen lassen, die restliche gut ausgedrückte Gelatine darin auflösen und alles mit dem Dillfond verrühren. Den Dillfond mit Salz und Pfeffer würzen und kalt stellen. Wenn der Dillfond eben zu gelieren beginnt, das Gelee auf die Räucherfischmousse verteilen und wieder kalt stellen.

Den Rucola waschen, verlesen und trockenschleudern. Die Cocktailtomaten waschen und halbieren. Den Rucola und die Tomaten vermischen und auf 4 Tellern anrichten. Den Salat mit dem Limonenöl beträufeln, leicht salzen und dann etwas Balsamessig darüber sprühen oder darüber träufeln.

Die Räucherforellentörtchen aus den Ringen lösen, auf dem Salat anrichten und alles mit gewaschenen Dillzweigen und Rucola garnieren.

Mein Tipp

Dill wirkt anregend und magenstärkend. Dill sollte nicht lange gekocht werden, sonst gehen die wertvollen Inhaltsstoffe verloren. Im Kühlschrank hält sich Dill, am besten in einem aufgeblasenen Plastikbeutel verpackt, 2–3 Tage.

Mit Zwiebelschaum überbackene Lammkoteletts auf mediterranem Gemüse

4 Personen

braucht Zeit

10 kleine neue Kartoffeln
Salz
2 Zwiebeln
80 g Butter
200 ml Sahne
1 Eigelb
2 Frühlingszwiebeln
weißer Pfeffer aus der Mühle
1 gelbe Paprikaschote
1 rote Paprikaschote
1 Zucchini
1 Aubergine
4 EL Olivenöl
4 Rosmarinzweige
5 Thymianzweige
4 Knoblauchzehen
gemahlener Chili
150 ml dunkler Lammfond (aus dem Glas)
1 TL Balsamessig
8 Lammkoteletts à ca. 50 g
1 Schalotte
20 g Butterschmalz
2 EL gewürfelter Speck
1 EL gehackter Rosmarin

Die Kartoffeln in reichlich Salzwasser gar kochen, abgießen, etwas ausdämpfen lassen und pellen.

Die Zwiebeln schälen, grob würfeln und in 20 g Butter anschwitzen. Die Sahne hinzufügen und so lange einkochen lassen, bis eine Paste entsteht. Den Topf vom Herd nehmen und das Eigelb und 30 g Butter mit dem Multimesser des Zauberstabs untermixen. Die Frühlingszwiebeln waschen, putzen, in Ringe schneiden und zu dem Zwiebelmus geben. Die Masse salzen und pfeffern und kalt stellen.

Die Paprikaschoten putzen, waschen, schälen und achteln. Die Zucchini und die Aubergine waschen, putzen und in Scheiben schneiden. 2 EL Olivenöl in einer Grillpfanne erhitzen und das Gemüse darin auf beiden Seiten braten. Dabei 1 Rosmarin- und 2 Thymianzweige sowie 2 ungeschälte Knoblauchzehen mit durchschwenken. Das Gemüse mit Salz und gemahlenem Chili würzen. Die Kräuter und den Knoblauch entfernen.

Den Lammfond mit 1 Rosmarinzweig aufkochen, mit Salz, Pfeffer und Balsamessig würzen. Den Rosmarin wieder entfernen. Den Fond warm stellen.

Den Backofengrill auf 220 °C vorheizen. 2 EL Olivenöl in einer Pfanne erhitzen und die Lammkoteletts darin scharf anbraten. 2 Rosmarin-, 3 Thymianzweige, 2 ungeschälte Knoblauchzehen und die ungeschälte und halbierte Schalotte mitbraten. Die Koteletts mit dem Kräuteröl auf ein mit Alufolie ausgelegtes Backblech legen, salzen und pfeffern. Je 1 EL Zwiebelpaste auf die Lammkoteletts geben und unter dem Grill überbacken, bis sie eine goldgelbe Kruste bekommen. Das Fleisch soll innen noch rosa sein.

Die Kartoffeln in Butterschmalz anbraten, die Speckwürfel und den gehackten Rosmarin kurz mitbraten. Die Kartoffeln mit 30 g Butter glasieren und mit Salz und Pfeffer würzen.

Die Lammkoteletts mit dem Lammfond überziehen und mit dem Gemüse und den Bratkartoffeln servieren.

Schaum von wilden Artischocken mit kross gebratenem Wolfsbarsch auf Tomatenragout

4 Personen

braucht Zeit

6 kleine Artischocken
Salz
2 Zitronenscheiben
9 EL Olivenöl
4 Blatt weiße Gelatine
50 ml geschlagene Sahne
6 vollreife Tomaten
2 Schalotten
3 Knoblauchzehen
½ EL Zucker
4 Wolfsbarschfilets à 150 g (ohne Gräten, mit Haut)
2 Thymianzweige
2 Rosmarinzweige
weißer Pfeffer aus der Mühle
50 g Butter
1 EL Basilikumblätter

Die Artischocken gründlich waschen, die grünen, harten Blätter entfernen, den Stiel und die Blattspitzen abschneiden und das Heu entfernen. Die Artischocken in kochendes Salzwasser geben. Die Zitronenscheiben und 2 EL Olivenöl hinzufügen und die Artischocken 20–30 Minuten kochen. Sie sind weich, wenn sich die Blätter mit einer Gabel durchstechen lassen.

Die Artischocken herausnehmen und abkühlen lassen. Die Artischocken und 1–2 EL Kochsud mit dem Multimesser des Zauberstabs pürieren und durch ein Haarsieb streichen. Es sollen ca. 200 g Artischockenpüree entstehen.

Die Gelatine in kaltem Wasser einweichen, gut ausdrücken und bei milder Hitze auflösen. Die Gelatine unter das Artischockenpüree rühren, die geschlagene Sahne unterheben und das Artischockenpüree kalt stellen.

Die Tomaten kreuzweise einritzen, mit kochendem Wasser überbrühen, kalt abschrecken, die Haut abziehen, den Stielansatz und die Kerne entfernen und das Fruchtfleisch fein würfeln. Die Schalotten und 1 Knoblauchzehe schälen, die Schalotten fein würfeln, den Knoblauch fein hacken. 4 EL Olivenöl in einem Topf erhitzen und die Schalotten und den gehackten Knoblauch darin hell anschwitzen. Den Zucker hinzufügen und schmelzen lassen. Die Tomaten dazugeben und kurz mit durchschwenken.

Die Wolfsbarschfilets waschen, trockentupfen und die Haut kreuzweise einritzen. 3 EL Olivenöl in einer Pfanne erhitzen und die Fischfilets mit der Hautseite nach oben ca. 5 Minuten anbraten. Thymian, Rosmarin und 2 ungeschälte Knoblauchzehen dazugeben und die Fischfilets wenden. Den angebratenen Fisch mit Salz und Pfeffer würzen und auf der Hautseite in 6 – 7 Minuten fertig braten.

Die Butter stückchenweise in das nicht mehr kochende Tomatenragout einrühren. Die gewaschenen Basilikumblätter in feine Streifen schneiden und dazugeben. Das Tomatenragout mit Salz und Pfeffer abschmecken. Das Tomatenragout auf 4 Teller verteilen. Das Fischfilet und den Artischockenschaum darauf verteilen und mit frittierten Artischockenspänen garnieren.

Riesengarnelen im Kartoffelmantel auf Asia-Gemüsenudeln und Thaisud

4 Personen

geht schnell

2 große Kartoffeln
6–8 Riesengarnelen
4 Knoblauchzehen
150 ml Hummerfond (aus dem Glas)
4 EL süße Chilisauce
2 TL Curry
2 TL gehackter Ingwer
½ rote Paprikaschote
½ gelbe Paprikaschote
80 g Mangold
80 g Chinakohl
10 g Mu-Err-Pilze
2 EL Sesamöl
400 g gekochte Singapurnudeln
2 EL Austernsauce
1 TL Kurkuma
2 EL gehackter Koriander
Öl zum Frittieren
50 g kalte Butter
2 EL geschlagene Sahne
etwas Kerbel zum Garnieren

Die Kartoffeln schälen, waschen und mit einer Gemüseschneidemaschine in Spaghettiform schneiden. Die Riesengarnelen ausbrechen und säubern. Die Garnelen in die Kartoffelspaghetti einwickeln.

Die Knoblauchzehen schälen und fein hacken. Den Hummerfond mit der Hälfte des Knoblauchs, 1 EL Chilisauce, 1 TL Curry und 1 TL Ingwer aufkochen. Den Sud mit dem Multimesser des Zauberstabs pürieren.

Die Paprikaschoten, den Mangold und den Chinakohl putzen, waschen und in schmale Streifen schneiden. Die Mu-Err-Pilze in warmem Wasser einweichen, ausdrücken und fein hacken.

Das Sesamöl erhitzen und die Paprikastreifen darin anschwitzen. Die Mu-Err-Pilze und die Nudeln hinzufügen. Die Mangold- und die Chinakohlstreifen dazugeben und den restlichen Knoblauch, den Rest Ingwer, die Austernsauce, die restliche süße Chilisauce, Curry und Kurkuma untermischen und noch kurz braten, dann von der Flamme nehmen. Zum Schluss 1 EL gehackten Koriander unterheben.

Das Frittieröl auf ca. 170 °C erhitzen und die Garnelen darin goldbraun ausbacken. In der Zwischenzeit die kalte Butter stückchenweise mit der Schlagscheibe des Zauberstabs in den Thaisud mixen, bis die Sauce schaumig ist. Den restlichen Koriander und die geschlagene Sahne unterrühren.

Die Asia-Gemüsenudeln auf 4 Tellern anrichten, die frittierten Riesengarnelen darauf legen und den Thaisud um die Nudeln verteilen. Mit gewaschenen Kerbelblättchen garnieren.

Mein Tipp

Mangold, ein etwas in Vergessenheit geratenes Gemüse, erfreut sich wieder zunehmender Beliebtheit. Es ist die etwa 300 g bis 1 kg schwere Staude einer Rübensorte. Man unterscheidet Schnitt- bzw. Blattmangold, Stielmangold und roten Mangold. Im Gemüsefach des Kühlschranks hält sich Blattmangold 2–3 Tage, Stielmangold bis zu 1 Woche.

Gedämpftes Lachsfilet auf glasierten Zuckerschoten mit Kräuterschaum

4 Personen

geht schnell

100 g Zuckerschoten
Salz
2 Schalotten
2 Knoblauchzehen
1 Tomate
4 Lachsscheiben à ca. 160 g
weißer Pfeffer aus der Mühle
110 g weiche Butter
Schale von ½ Limone (unbehandelt)
50 ml weißer Portwein
100 ml Weißwein
100 ml Fischfond
3 Estragonzweige
2 Thymianzweige
4 Eigelb
1 EL gehackte Petersilie
1 EL gehackter Estragon
1 EL Schnittlauchröllchen
1 TL gehackter Kerbel

Die Zuckerschoten putzen, in Rauten schneiden und in reichlich Salzwasser ca. 1 Minute bissfest garen, in kaltem Wasser abschrecken und abtropfen lassen. Die Schalotten und den Knoblauch schälen und fein würfeln.
Die Tomate kreuzweise einritzen, mit kochendem Wasser überbrühen, abschrecken, die Haut abziehen, den Stielansatz und die Kerne entfernen und das Fruchtfleisch fein würfeln.

Die Lachsscheiben mit Salz und Pfeffer würzen und in einen entsprechenden Dämpfeinsatz legen.

40 g Butter in dem dazu passenden Topf erhitzen. Die Schalotten- und die Knoblauchwürfel sowie die Limonenschale darin kurz anschwitzen. Mit dem Portwein und dem Weißwein ablöschen und mit dem Fischfond auffüllen. Den Fond salzen und Estragon- und Thymianzweige dazugeben. Den Dämpfeinsatz darauf setzen, die Lachsscheiben ca. 5 Minuten dämpfen und anschließend warm stellen.

Den Fond durch ein feines Sieb passieren und stark einkochen lassen. Die Eigelbe mit dem nicht mehr kochenden Fond verrühren und über einem heißen Wasserbad mit einem Schneebesen anschlagen. Die Masse mit dem Multimesser des Zauberstabs über dem Wasserbad cremig aufschlagen.

Die Eigelb-Fischfond-Masse vom Wasserbad nehmen und mit der Quirlscheibe des Zauberstabs 50 g Butter darunter schlagen. Die Sauce mit Salz und Pfeffer abschmecken und die gehackten Kräuter untermischen.

20 g Butter erhitzen, die Zuckerschoten darin schwenken, die Tomatenwürfel hinzufügen und alles mit Salz und Pfeffer abschmecken.

Die Zuckerschoten auf 4 Tellern anrichten, die Lachsscheiben darauf legen und alles mit dem Kräuterschaum überziehen.

Kirschstrudelsäckchen mit weißer Zimtcreme

4 Personen

geht schnell

200 ml Milch
Mark von 1 Vanilleschote
1 Zimtstange
125 g TK-Strudelteig
30 g Butter
100 g Zucker
6 Eigelb
40 g Magerquark
50 g Marzipanrohmasse
1 Eiweiß
1 Prise Salz
½ P. Vanillezucker
50 g entsteinte Kirschen
abgeriebene Schale von ½ Zitrone (unbehandelt)
15 g Speisestärke
150 g Butterschmalz
1 Msp. Zimtpulver
2 EL Rum
Minzeblättchen zum Garnieren

Die Milch mit dem Vanillemark und der Zimtstange aufkochen, vom Herd nehmen und abkühlen lassen, anschließend durch ein grobes Sieb passieren. Den Strudelteig auftauen lassen.

Die Butter und 20 g Zucker mit dem Multimesser des Zauberstabs schaumig rühren. 1 Eigelb hinzufügen und rühren, bis eine geschmeidige Masse entsteht. Den Quark und die Marzipanrohmasse unterarbeiten. Das Eiweiß und 1 Prise Salz zu steifem Schnee schlagen und vorsichtig unter die Füllmasse heben. Den Vanillezucker, die Kirschen (einige Kirschen mit etwas Saft zum Garnieren zurückbehalten) und die Zitronenschale und zum Schluss die Speisestärke unterrühren.

Den Strudelteig in 2 Schichten aufeinander flach auslegen und in ca. 15 cm große Quadrate schneiden. Die Füllung auf den Teigquadraten verteilen. 1 Eigelb verquirlen und die Teigränder damit bestreichen. Die Teigquadrate zu Säckchen zusammendrehen. Das Butterschmalz erhitzen und die Teigsäckchen darin bei mäßiger Hitze goldgelb ausbacken.

Die restlichen Eigelbe, den Rest Zucker und das Zimtpulver zu der Milch geben und alles über einem heißen Wasserbad zuerst mit einem Schneebesen anschlagen, dann mit der Schlagscheibe des Zauberstabs schaumig aufschlagen. Die Masse vom Wasserbad nehmen und noch kurz weiterschlagen, damit das Eigelb nicht gerinnt. Zum Schluss den Rum unterrühren.

Die Kirschstrudelsäckchen auf 4 Tellern anrichten, die Zimtcreme dazugeben und mit gewaschenen Minzeblättchen und den zurückbehaltenen Kirschen mit Saft garnieren.

Mein Tipp

Man unterscheidet Süß- und Sauerkirschen. Zu den Süßkirschen gehören die tiefroten Knorpelkirschen und die Herzkirschen. Die bekannteste Sauerkirsche ist die dunkelrote Schattenmorelle, die ihren Namen nach dem Château Morel in Frankreich trägt.

Himbeersorbet in Vanillepfannkuchen

4 Personen

braucht Zeit

400 g frische Himbeeren
80 g Puderzucker
1 Ei
1 Eigelb
¼ l Milch
100 g Mehl
20 g flüssige Butter
1 Prise Salz
abgeriebene Schale von ½ Zitrone (unbehandelt)
Mark von 1 Vanilleschote
30 g Butterschmalz
80 ml Sahne
50 g Crème fraîche
1 EL Honig
abgeriebene Schale von 1 Limone (unbehandelt)
Melisseblättchen zum Garnieren

200 g Himbeeren für ca. 2 Stunden einfrieren. Die restlichen Himbeeren und 60 g Puderzucker mit dem Multimesser des Zauberstabs pürieren. Das Himbeerpüree durch ein feines Sieb passieren und kalt stellen.

Für den Pfannkuchenteig das Ei, das Eigelb, die Milch, Mehl und flüssige Butter, 1 Prise Salz, die Zitronenschale und das Vanillemark mit der Quirlscheibe des Zauberstabs glatt rühren.

Den Backofen auf 60 °C vorheizen. In einer beschichteten Pfanne das Butterschmalz erhitzen und dünne Pfannkuchen backen. Die fertigen Pfannkuchen im Backofen warm halten.

Die Sahne mit der Schlagscheibe des Zauberstabs steif schlagen. Die gefrorenen Himbeeren mit dem Multimesser des Zauberstabs fein pürieren. Einige Himbeeren zum Garnieren aufbewahren. Dabei nach und nach die Crème fraîche zugeben.

Diese Himbeermasse mit dem restlichen Puderzucker und dem Honig süßen und mit der Limonenschale abschmecken.

Das halb gefrorene Sorbet in einen Spritzbeutel füllen, die Pfannkuchen damit füllen und mit geschlagener Sahne und dem Himbeerpüree anrichten. Die Pfannkuchen mit gewaschenen Melisseblättchen und den zurückbehaltenen Himbeeren garnieren und sofort servieren.

Mein Tipp

Statt der Sahne passt auch sehr gut Vanillesauce zu diesem Sorbet. Für selbstgemachte Vanillesauce kratzen Sie das Mark einer Vanilleschote aus und kochen es mit je ¼ l Milch und Sahne sowie 80 g Zucker unter Rühren auf. Dann verquirlen Sie 6 Eigelbe mit ⅓ der Milchmischung und geben alles zurück in den Topf. Unter Rühren wird die Mischung erhitzt, dann passiert und mit der Quirlscheibe schaumig aufgeschlagen.

Pfirsichspalten in Karamellsauce mit Amarettocreme

4 Personen

braucht Zeit

- 80 g geröstete, gehobelte Mandeln
- 150 ml Milch
- 120 ml Sahne
- 1 Eiweiß
- 1 Prise Salz
- 150 g Zucker
- 2 Blatt Gelatine
- 2 Eigelb
- 6 EL Amaretto
- 4 reife Pfirsiche
- 100 g brauner Zucker
- 120 g Crème fraîche
- Saft von 1 Zitrone
- ⅛ l Orangensaft
- 2 EL Grand Marnier
- abgeriebene Schale von ½ Zitrone (unbehandelt)
- gemahlene Nelken
- Schokoladenraspel zum Garnieren
- gemahlene Pistazien zum Garnieren

Die Hälfte der Mandeln mit der Milch aufkochen, vom Herd nehmen, ca. 2 Stunden ziehen lassen und dann durch ein feines Sieb passieren.

Die Sahne mit der Schlagscheibe des Zauberstabs steif schlagen und kalt stellen. Das Eiweiß, 1 Prise Salz und 10 g Zucker zu steifem Schnee schlagen und ebenfalls kalt stellen. Die Gelatine in kaltem Wasser einweichen.

Die Mandelmilch, die Eigelbe und 40 g Zucker über einem heißen Wasserbad zuerst mit dem Schneebesen anschlagen, dann mit der Quirlscheibe des Zauberstabs cremig aufschlagen. Die ausgedrückte Gelatine in der Mandelmasse auflösen.

Die Masse auf Eis weiterschlagen, bis sie zu stocken beginnt. Den Amaretto einrühren und die geschlagene Sahne und den Eischnee unterheben. Die Creme in 8 Förmchen füllen, mit Frischhaltefolie abdecken und ca. 2 Stunden kalt stellen.

Die Pfirsiche in Spalten schneiden. Den restlichen Zucker und den braunen Zucker in einer großen Pfanne unter ständigem Rühren karamellisieren lassen. Der Karamell soll nur milchkaffeebraun werden.

Die Crème fraîche einrühren und die Pfirsichspalten in dem Karamell schwenken. Den Zitronen- und den Orangensaft hinzufügen. Die Pfirsiche mit dem Grand Marnier, der Zitronenschale und gemahlene Nelken abschmecken, vom Herd nehmen und ziehen lassen.

Die Amarettocreme aus den Förmchen lösen, je zwei Stück auf 4 Tellern anrichten, mit den Pfirsichspalten servieren und mit den Schokoladenraspeln und den gemahlenen Pistazien garnieren.

Die Tage werden kürzer und die wärmende Kraft der Sonne lässt nach. Jetzt vergolden typische Herbstgemüse wie Kürbis und Mais so manchen tristen Herbsttag kulinarisch und Wild- und Pilzgerichte haben Hochsaison.

*Herbst*küche

Bunter Blattsalat mit Fenchelmarinade

4 Personen

geht schnell

1 Fenchelknolle
80 ml Weißwein
150 g gemischte Blattsalate
2 Eier
2 Tomaten
½ Salatgurke
½ Bd. Radieschen
5 EL Weißweinessig
Salz
weißer Pfeffer aus der Mühle
150 ml Rapsöl

Den Fenchel waschen, putzen und in feine Streifen schneiden. Den Weißwein zum Kochen bringen, die Fenchelstreifen darin bissfest garen und herausnehmen. Den Fenchelfond abkühlen lassen.

Die Blattsalate putzen, waschen und trockenschleudern. Die Eier hart kochen, pellen und sechsteln.

Die Tomaten kreuzweise einritzen, mit kochendem Wasser überbrühen, abschrecken, die Haut abziehen, den Stielansatz und die Kerne entfernen und das Fruchtfleisch achteln.

Die Gurke waschen, der Länge nach halbieren, von den Kernen befreien und in dünne Scheiben schneiden. Die Radieschen waschen und vierteln.

Den Fenchelfond mit dem Essig verrühren, mit Salz und Pfeffer würzen und mit der Quirlscheibe des Zauberstabs aufmixen. Unter ständigem Weitermixen langsam das Rapsöl einlaufen lassen.

Die Blattsalate auf 4 Tellern anrichten und die Eier, die Tomaten, die Gurkenscheiben und die Radieschen dekorativ darauf verteilen. Die gekochten Fenchelstreifen darüber geben und zum Schluss alles mit der Fenchelmarinade überziehen.

Mein Tipp

Gemüsefenchel ist die Zuchtform einer der zahlreichen Fenchelsorten, die in der ganzen Welt verbreitet sind. Bei frischem Fenchel sind die äußeren Knollenblätter fleischig, saftig und fleckenlos. Im Gemüsefach des Kühlschranks hält sich Fenchel einige Tage frisch. Übrigens eignet sich Fenchel auch gut zum Rohessen, das zarte Fenchelgrün können Sie gehackt über das Gericht streuen.

Kürbiskern-Brotaufstrich

4 Personen

geht schnell

- 100 g Butter
- 100 g Frischkäse
- Salz
- 80 g Kürbiskerne
- 1 Schalotte
- 1 Knoblauchzehe
- 2 EL Kürbiskernöl
- weißer Pfeffer aus der Mühle
- 1 EL weißer Balsamessig
- 2 EL Schnittlauchröllchen

Die Butter, den Frischkäse und 1 Prise Salz mit dem Multimesser des Zauberstabs schaumig rühren.

Die Kürbiskerne in einer Pfanne ohne Fett rösten, salzen und dann in der Mühle des Zauberstabs fein mahlen.

Die Schalotte und den Knoblauch schälen, die Schalotte fein würfeln, den Knoblauch hacken. Die gemahlenen Kürbiskerne, die Schalottenwürfel, den gehackten Knoblauch sowie das Kürbiskernöl zu der Butter-Frischkäse-Mischung geben und gut vermengen.

Alles mit Salz, Pfeffer und Balsamessig abschmecken und zum Schluss die Schnittlauchröllchen untermischen.

Mein Tipp

Kürbiskerne, die Kerne des Gartenkürbis, sind reich an ungesättigten Fettsäuren. Kürbiskernöl wird aus gerösteten Kürbiskernen gewonnen. Es ist dunkelgrün und hat ein starkes Aroma. Damit es nicht ranzig wird, sollten Sie es nicht zu lange und nur unter Lichtausschluss lagern. Kaufen Sie also keine größeren Mengen auf Vorrat.

Rindfleischsalat auf Kopfsalatherzen

4 Personen

geht schnell

- 1 EL Senf
- 1 Ei
- Salz
- Saft von ½ Limone
- gemahlener Chili
- ¼ l Rapsöl
- 80 ml Fleischbrühe
- ½ rote Paprikaschote
- ½ gelbe Paprikaschote
- 6 Radieschen
- 2 Schalotten
- 3 Essiggurken
- 2 Knoblauchzehen
- 600 g gekochtes Rindfleisch
- 1 EL gehackte Petersilie
- weißer Pfeffer aus der Mühle
- ½ EL frisch geriebener Meerrettich
- 4 Kopfsalatherzen
- Kerbelblättchen zum Garnieren
- 4 Cocktailtomaten

Den Senf, das Ei, Salz, Limonensaft und gemahlenen Chili in einen Rührbecher geben. Das Rapsöl hinzufügen und mit der Quirlscheibe des Zauberstabs so lange aufmixen, bis sich alle Zutaten gut verbunden haben. Auf niedriger Stufe die Fleischbrühe untermixen.

Die Paprikaschoten putzen, waschen, schälen und in feine Streifen schneiden. Die Radieschen waschen, die Schalotten schälen. Die Radieschen, die Schalotten und die Essiggurken in Streifen schneiden. Den Knoblauch schälen und fein hacken.

Das Rindfleisch zuerst in dünne Scheiben, dann in Streifen schneiden. Die Rindfleischstreifen mit den übrigen Zutaten und der gehackten Petersilie mischen, mit der Sauce marinieren und mit Salz, Pfeffer und dem Meerrettich abschmecken.

Die Kopfsalatherzen zerpflücken, auf 4 Teller verteilen und den Rindfleischsalat darauf anrichten. Den Salat mit gewaschenen Kerbelblättchen und den gewaschenen und halbierten Cocktailtomaten garnieren.

Mein ***Tipp***

Rapsöl erfreut sich in letzter Zeit zunehmender Beliebtheit. Es wird aus zerkleinerten Rapssamen gewonnen, ist hellgelb und im Geschmack unaufdringlich. Rapsöl eignet sich hervorragend für die kalte Küche, aber auch zum Kochen. Wie alle Öle sollten Sie es nicht zu lange und nur unter Lichtausschluss lagern, damit es nicht ranzig wird. Rapsöl hält sich etwa 6 Monate.

Maisschaumsüppchen

4 Personen

geht schnell

- 1,2 kg frische Maiskolben (oder 400 g TK-Mais)
- 3 Schalotten
- 2 große Knoblauchzehen
- 20 g Butter
- 5 EL Noilly Prat
- 150 ml Weißwein
- 700 ml Geflügelbrühe
- Salz
- weißer Pfeffer aus der Mühle
- 300 ml Sahne
- frisch geriebener Muskat
- gemahlener Chili
- 4 EL geschlagene Sahne
- 1 EL Schnittlauchröllchen
- 8 Garnelenschwänze
- 3 EL Olivenöl
- abgeriebene Schale von 1 Limone (unbehandelt)
- Schnittlauchspitzen zum Garnieren

Die Blätter und die Fäden von den Maiskolben entfernen. Die Maiskolben kurz mit kochendem Wasser überbrühen, dann mit einem scharfen Messer die Körner lösen. TK-Mais auftauen lassen.

Die Schalotten und den Knoblauch schälen und fein würfeln. Die Butter in einem Topf erhitzen und die Schalotten- und Knoblauchwürfel darin hell anschwitzen. Die Maiskörner hinzufügen und kurz mitbraten. Mit dem Noilly Prat und dem Weißwein ablöschen und etwas einkochen lassen.

Die Geflügelbrühe angießen, die Suppe mit Salz und Pfeffer würzen und so lange kochen, bis der Mais weich ist.

Die Sahne hinzufügen und etwas einkochen lassen. Die Suppe mit Salz, Pfeffer, Muskat und gemahlenem Chili abschmecken und mit dem Multimesser des Zauberstabs fein pürieren. Die geschlagene Sahne und die Schnittlauchröllchen unterrühren.

Die Garnelenschwänze ausbrechen, entdarmen, waschen und trockentupfen. Das Olivenöl in einer Pfanne erhitzen und die Garnelenschwänze von beiden Seiten darin ca. 2 Minuten braten. Die Garnelenschwänze mit Salz, Pfeffer und der Limonenschale würzen.

Die Suppe mit der Schlagscheibe des Zauberstabs nochmals schaumig mixen und in 4 Tellern anrichten. Die Garnelenschwänze darauf legen und die Suppe mit gewaschenen Schnittlauchspitzen garnieren.

Mein Tipp

Mais zählt zwar zu den Getreidearten, er wird jedoch häufig als Gemüse zubereitet. Einheimischer Mais hat von August bis November Saison, Importware ist von Juni bis Dezember erhältlich. Im Gemüsefach des Kühlschranks hält sich Mais etwa 3 Tage. TK-Mais reicht qualitativ fast an frischen Mais heran.

Kürbisrahmsuppe mit frittiertem Gemüsestroh

Personen

geht schnell

- 600 g Kürbisfleisch (ohne Schale)
- 2 Schalotten
- 1 Knoblauchzehe
- 40 g Butter
- ½ TL Curry
- 100 ml Weißwein
- 600 ml Geflügelbrühe
- 200 ml Sahne
- Salz
- weißer Pfeffer aus der Mühle
- frisch geriebener Muskat
- 100 g Karotten
- 100 g Knollensellerie
- ½ Stange Lauch
- 400 ml Öl
- 40 g Crème fraîche
- 2 EL geschlagene Sahne
- 4 EL geröstete Kürbiskerne
- 2 EL Kürbiskernöl

Das Kürbisfleisch in Würfel schneiden. Die Schalotten und den Knoblauch schälen und fein würfeln. Die Butter in einem Topf erhitzen und die Schalotten- und Knoblauchwürfel darin hell anschwitzen. Das Kürbisfleisch dazugeben, mit dem Curry bestäuben und mit dem Weißwein ablöschen. Die Geflügelbrühe und die Sahne angießen. Die Suppe leicht einkochen lassen und mit Salz, Pfeffer und Muskat würzen. Wenn der Kürbis weich ist, die Suppe mit dem Multimesser des Zauberstabs fein pürieren und durch ein feines Sieb passieren.

Die Karotten und den Sellerie waschen und schälen, den Lauch waschen, putzen und in ca. 5 cm lange Stücke schneiden. Karotten und Sellerie am besten mit der Aufschnittmaschine zuerst in dünne Scheiben schneiden, dann alles Gemüse in feine Streifen schneiden. Das Öl auf ca. 170 °C erhitzen und die Gemüsestreifen darin knusprig ausbacken. Das frittierte Gemüsestroh auf Küchenkrepp abtropfen lassen und mit Salz würzen.

Die Suppe nochmals aufkochen. Die Crème fraîche und die geschlagene Sahne hinzufügen und mit der Quirlscheibe des Zauberstabs schaumig mixen. Die Suppe in Teller oder ausgehöhlte Minikürbisse füllen, die gerösteten und grob gehackten Kürbiskerne darüber streuen, das Gemüsestroh in die Mitte setzen und mit dem Kürbiskernöl beträufeln.

Kartoffelsuppe mit gerösteten Weißbrot-Speck-Würfeln und Steinpilzen

4 Personen

geht schnell

2 Zwiebeln
½ Stange Lauch
300 g mehlig kochende Kartoffeln
30 g Butter
1 l Gemüsebrühe
1 Knoblauchzehe
50 g Speck
200 g Weißbrot
2 EL Öl
1 EL gehackte Petersilie
100 g frische Steinpilze
1 EL Walnussöl
100 ml Sahne
50 g Crème fraîche
Salz
weißer Pfeffer aus der Mühle
frisch geriebener Muskat

Die Zwiebeln schälen und fein würfeln. Den Lauch waschen, putzen und in ca. 2 cm dicke Streifen schneiden. Die Kartoffeln schälen, waschen und in Würfel schneiden.

Die Butter in einem Topf erhitzen und die Hälfte der Zwiebelwürfel darin hell anschwitzen. Den Lauch und die Kartoffeln dazugeben und mit der Gemüsebrühe auffüllen. Das Gemüse in ca. 20 Minuten weich kochen. Die Suppe dann mit dem Multimesser des Zauberstabs fein pürieren.

Die Knoblauchzehe schälen und halbieren. Den Speck fein würfeln, das entrindete Weißbrot in Würfel schneiden. Eine Pfanne mit dem Knoblauch ausreiben.

Das Öl in der Pfanne erhitzen und die restlichen Zwiebelwürfel und den Speck darin anschwitzen. Die Brotwürfel dazugeben, rösten. Die Weißbrot-Speck-Würfel auf Küchenkrepp abtropfen lassen und mit der Petersilie mischen.

Die Steinpilze putzen, mit einem feuchten Tuch abreiben (nicht waschen) und längs in Scheiben schneiden. Das Walnussöl in einer Pfanne erhitzen, die Steinpilze darin bei milder Hitze auf beiden Seiten goldbraun braten, anschließend auf Küchenkrepp abtropfen lassen.

Die Suppe nochmals aufkochen. Die Sahne und die Crème fraîche hinzufügen und mit der Quirlscheibe des Zauberstabs schaumig mixen. Die Suppe mit Salz, Pfeffer und Muskat abschmecken. Die Kartoffelsuppe in 4 Teller füllen, die Weißbrot-Speck-Würfel und die Pilze darauf verteilen.

Mein Tipp

In Deutschland sind über 60 Kartoffelsorten im Angebot. Man unterscheidet sie nach ihren Kocheigenschaften. Mehlig kochende Sorten haben einen hohen Stärkegehalt, sind grobkörnig und platzen beim Kochen auf. Bekannte mehlig kochende Sorten sind Adretta, Aula, Bintje und Likaria.

Geflügelleberpralinen auf Traubensalat

4 Personen

braucht Zeit

1 große Schalotte
270 g weiche Butter
250 g Geflügelleber
3 EL roter Portwein
100 ml Sahne
Salz
weißer Pfeffer aus der Mühle
Pökelsalz (vom Metzger)
200 g Kürbiskerne
200 g Pumpernickel
150 g blaue Trauben
150 g grüne Trauben
1 Apfel
30 g Walnusskerne
4 EL Balsamessig
1 EL Zucker
5 EL Walnussöl
200 g gemischte Blattsalate
Kerbelblättchen zum Garnieren

Die Schalotte schälen und fein würfeln. 20 g Butter in einer Pfanne erhitzen und die Geflügelleber darin anbraten. Die Schalottenwürfel hinzufügen und kurz mitbraten. Mit dem Portwein ablöschen und etwas einkochen lassen.

Die Sahne erhitzen. Die gebratene Leber, die restliche Butter und die Sahne mit dem Multimesser des Zauberstabs fein pürieren. Die Masse mit Salz, Pfeffer und Pökelsalz würzen. Durch das Pökelsalz erhalten die Pralinen eine schöne rosa Farbe. Die Lebermasse durch ein feines Sieb in eine flache Form passieren und kalt stellen.

Die Kürbiskerne in einer Pfanne ohne Fett rösten, salzen und abkühlen lassen. Die Kürbiskerne und den Pumpernickel in der Mühle des Zauberstabs fein mahlen.

Mit einem Eisportionierer kleine Kugeln aus der Lebermasse ausstechen und entweder in den Kürbiskernen oder in den Pumpernickelbröseln wälzen. Die Geflügelleberpralinen kalt stellen.

Die Trauben waschen, halbieren und entkernen. Den Apfel waschen, schälen, vom Kerngehäuse befreien und in kleine Würfel schneiden. Die Apfelwürfel und die Walnüsse zu den Trauben geben.

Den Balsamessig, Salz, Pfeffer und Zucker verrühren. Das Walnussöl hinzufügen und das Dressing mit der Quirlscheibe des Zauberstabs zu einem homogenen Dressing aufschlagen. Trauben, Apfelstücke und Walnüsse mit dem Dressing marinieren.

Die Blattsalate waschen, verlesen und trockenschleudern. Die Trauben in ein Sieb gießen und das Dressing auffangen. Die Blattsalate mit dem Dressing marinieren und auf 4 Teller verteilen. Die Geflügelleberpralinen und den Traubensalat darauf anrichten. Alles mit Kerbelblättchen garnieren.

Filet von der Dorade auf Oliven-Kartoffel-Püree und Brunnenkresseschaum

4 Personen

braucht Zeit

- 500 g mehlig kochende Kartoffeln
- Salz
- 100 ml Milch
- 150 g Butter
- 1 EL schwarze Olivenpaste
- frisch geriebener Muskat
- 2 Schalotten
- 200 ml Weißwein
- 200 ml Sahne
- 1 Bd. Brunnenkresse
- 3 EL Olivenöl
- Saft von 1 Zitrone
- 7 EL geschlagene Sahne
- 2 EL Öl
- 4 Filets von der Dorade à ca. 100 g (geschuppt, mit Haut, ohne Gräten)
- weißer Pfeffer aus der Mühle
- 1 Thymianzweig
- 1 Rosmarinzweig

Den Backofen auf 180 °C vorheizen. Die Kartoffeln waschen und in Salzwasser ca. 10 Minuten kochen. Das Wasser abgießen, die Kartoffeln in Alufolie einwickeln und im Backofen ca. 45 Minuten garen. Die Kartoffeln herausnehmen, die Folie öffnen und die Kartoffeln ausdämpfen lassen.

Die Milch mit 80 g Butter aufkochen. Die Kartoffeln pellen und durch die Kartoffelpresse in die heiße Milch drücken. Die Olivenpaste einrühren, das Püree mit Salz und Muskat abschmecken und warm stellen.

Die Schalotten schälen und fein würfeln. 20 g Butter in einem Topf erhitzen und die Schalottenwürfel darin hell anschwitzen. Mit dem Weißwein ablöschen und mit der Sahne auffüllen. Die Wein-Sahne-Mischung auf die Hälfte einkochen lassen.

Die Brunnenkresse waschen, trockenschleudern und grob zerkleinern. In einem Mixbecher die Brunnenkresse und das Olivenöl mit dem Multimesser des Zauberstabs fein pürieren. Die Brunnenkresse mit Zitronensaft und Salz würzen.

Das Öl in einer Grillpfanne erhitzen. Die Fischfilets waschen, trockentupfen, mit Salz und Pfeffer würzen und mit der Hautseite nach unten kross braten. Den Thymian, den Rosmarin und 50 g Butter hinzufügen, den Fisch wenden und bei milder Hitze in ca. 2 Minuten fertig braten.

Während der Fisch brät, das Oliven-Kartoffel-Püree mit einem Schneebesen rühren, bis es homogen ist. 5 EL geschlagene Sahne unterheben.

Die Brunnenkressepaste mit der Wein-Sahne-Sauce verrühren. Die restliche geschlagene Sahne zur Brunnenkressesauce geben und die Sauce mit dem Multimesser des Zauberstabs aufmixen.

Das Oliven-Kartoffel-Püree auf 4 Teller verteilen, die Fischfilets darauf anrichten und den Brunnenkresseschaum dazugeben.

Gebratenes Rehfilet auf Trüffelremoulade mit lauwarmen Pilzen

4 Personen

braucht Zeit

250 g sauber geputztes Rehrückenfilet
2 Knoblauchzehen
2 Schalotten
3 Thymianzweige
2 Rosmarinzweige
4 EL Walnussöl
1 Ei
3 EL Weißweinessig
Saft von 1 Zitrone
Salz
weißer Pfeffer aus der Mühle
Zucker
½ TL Dijonsenf
300 ml Olivenöl
1 EL Crème fraîche
½ EL gehackte Petersilie
½ EL Schnittlauchröllchen
1 EL Trüffelöl
½ schwarzer Trüffel, fein gewürfelt
150 g Mischpilze
3 EL Honig
½ TL gemahlener Chili
1 EL Balsamessig
20 g Butterschmalz
200 g gemischte Blattsalate

Das Rehrückenfilet mit 1 ungeschälten, angedrückten Knoblauchzehe, 1 ungeschälten, geviertelten Schalotte, Thymian, Rosmarin und Walnussöl ca. 1 Stunde marinieren.

Das Ei, 1 EL Weißweinessig, Saft von ½ Zitrone, 1 Prise Salz, Pfeffer, 1 Prise Zucker, Dijonsenf und 200 ml Olivenöl im Mixbecher mit der Quirlscheibe des Zauberstabs zu einer homogenen Masse mixen und nach Bedarf mit Salz und Pfeffer abschmecken.

4 EL von dieser Mayonnaise mit der Crème fraîche und den gehackten Kräutern verrühren. Die Remoulade mit Salz, Pfeffer, 1 EL Zitronensaft und dem Trüffelöl abschmecken und den gewürfelten Trüffel unterrühren.

Die Mischpilze putzen und in Stücke schneiden. 1 Schalotte schälen und fein würfeln. 1 Knoblauchzehe schälen und hacken. 2 EL Olivenöl in einer Pfanne erhitzen und die Pilze sowie die gewürfelte Schalotte und den gehackten Knoblauch darin anbraten. Den Honig dazugeben und unterrühren. Die Pilze mit gemahlenem Chili würzen.

Den Balsamessig und 2 EL Weißweinessig mit der Quirlscheibe des Zauberstabs aufmixen, Salz und 8 EL Olivenöl dazugeben und nochmals kurz mixen. Die gebratenen Pilze in diese Marinade geben und durchschwenken.

Den Backofen auf 120 °C vorheizen. Das Butterschmalz in einer Pfanne erhitzen, den Rehrücken darin anbraten, die Kräuter aus der Rehrückenmarinade dazugeben, kurz mitbraten und alles mit Salz und Pfeffer würzen. Den Rehrücken und die Kräuter auf ein mit Alufolie ausgelegtes Backblech geben und im Backofen ca. 15 Minuten garen. Das Fleisch herausnehmen und kurz ruhen lassen.

Die Blattsalate waschen, putzen und trockenschleudern. Die Trüffelremoulade auf 4 Teller geben und die Blattsalate darum verteilen. Den Rehrücken in Scheiben schneiden und auf der Remoulade anrichten. Die Pilze mit Salz abschmecken, auf dem Teller verteilen und mit der Marinade überziehen.

Heilbutt auf Steinpilznudeln

4 Personen

geht schnell

200 g Bandnudeln
Salz
1 EL Olivenöl
2 Schalotten
5 Knoblauchzehen
150 g frische Steinpilze
70 g kalte Butter
30 g getrocknete Tomaten
50 ml Weißwein
80 ml Sahne
600 g Heilbuttfilet
2 Thymianzweige
1 Rosmarinzweig
weißer Pfeffer aus der Mühle
3 EL geschlagene Sahne
1 EL gehackte Petersilie
Kerbelblättchen zum Garnieren

Die Bandnudeln in reichlich kochendem Salzwasser mit dem Olivenöl bissfest garen, abgießen, mit kaltem Wasser abschrecken und abtropfen lassen.

Die Schalotten schälen und fein würfeln. 2 Knoblauchzehen schälen und fein hacken. Die Steinpilze putzen, mit einem feuchten Tuch abreiben und je nach Größe halbieren oder vierteln.

20 g Butter in einer Pfanne erhitzen und die Schalotten und den gehackten Knoblauch darin hell anschwitzen. Die getrockneten Tomaten fein würfeln und kurz mitbraten. Die Steinpilze dazugeben und kurz braten. Alles aus der Pfanne nehmen und warm stellen.

Den Bratensatz mit dem Weißwein ablöschen, die Sahne angießen und alles einkochen lassen. Mit dem Multimesser des Zauberstabs 30 g kalte Butter in die Sauce mixen.

Das Heilbuttfilet waschen, trockentupfen und in ca. 2 cm dicke Scheiben schneiden. 20 g Butter in einer Pfanne erhitzen und die Heilbuttfilets darin ca. 2 Minuten anbraten. Die Filets wenden, Thymian, Rosmarin und 3 ungeschälte Knoblauchzehen dazugeben. Den Fisch mit Salz und Pfeffer würzen und bei milder Hitze in 3–6 Minuten fertig braten.

Die Bandnudeln in der Sauce erwärmen. Die Pilze dazugeben und alles gründlich durchschwenken. Die geschlagene Sahne und die Petersilie unterrühren und die Steinpilznudeln mit Salz und Pfeffer abschmecken.

Die Nudeln auf 4 Teller verteilen, die Heilbuttfilets darauf anrichten und mit gewaschenen Kerbelblättchen garnieren.

Mein Tipp

Pilze sollten Sie nach Möglichkeit nicht waschen, denn sie saugen sich voll Wasser. Reiben Sie sie stattdessen mit einem Küchenkrepp, einem feuchten Tuch oder einer Bürste ab. Bei älteren Steinpilzen sollte die Huthaut entfernt werden.

G.Zimmermanns
Buchhandlung GmbH
Nürtingen
Danke
für den Besuch
Terminal-ID: 65027817
27.06.02 15:49 Uhr - 01
POS-Nr 666203 BNr 4978
Umsatz-Nr 4978
Kartenzahlung
ec-Lastschrift
Zahlung EUR 27,63
Kto. 61150020 0040030245
Karte 3 gültig bis 12/03
Unterschrift umseitig

Gebratene Saiblingsfilets auf warmem Kartoffelschaum mit Pfifferlingen

4 Personen

geht schnell

600 g mehlig kochende Kartoffeln
Salz
100 ml Sahne
100 g zimmerwarme Butter
weißer Pfeffer aus der Mühle
frisch geriebener Muskat
1 EL frisch geriebener Meerrettich
180 g kleine Pfifferlinge
4 Saiblingsfilets à ca. 150 g (ohne Gräten, mit Haut)
5 EL Rapsöl
2 Knoblauchzehen
2 Thymianzweige
2 EL weißer Balsamessig
1 EL gehackte Petersilie
Kerbelblättchen zum Garnieren

Die Kartoffeln schälen, waschen und in Salzwasser gar kochen. Die Kartoffeln abgießen, kurz ausdämpfen lassen und noch warm durch die Kartoffelpresse drücken.

Die Sahne aufkochen und vom Herd nehmen. Die Butter hinzufügen und mit der Quirlscheibe des Zauberstabs schaumig mixen.

Die gepressten Kartoffeln hinzufügen und mit einem Schneebesen verrühren. Den Kartoffelschaum mit Salz, Pfeffer, Muskat und Meerrettich würzen (etwas gehobelten Meerrettich zum Garnieren zurückbehalten) und warm stellen.

Die Pfifferlinge putzen. Die Saiblingsfilets von noch vorhandenen Gräten befreien, waschen und trockentupfen.

Den Backofen auf 150 °C vorheizen. 3 EL Rapsöl in einer Pfanne erhitzen und die Saiblingsfilets darin auf der Hautseite kross anbraten. Die ungeschälten, halbierten Knoblauchzehen und den Thymian dazugeben, den Fisch wenden und mit Salz und Pfeffer würzen.

Die Fischfilets mit dem Knoblauch und dem Thymian auf ein mit Alufolie ausgelegtes Backblech geben und im Backofen in 3–5 Minuten fertig garen.

In der Zwischenzeit 2 EL Rapsöl in der Fischpfanne erhitzen und die Pfifferlinge darin braun braten. Die Pilze mit Salz und Pfeffer würzen und mit dem Balsamessig ablöschen. Die gehackte Petersilie darüber streuen.

Den Kartoffelschaum auf 4 Teller verteilen, die Saiblingsfilets darauf anrichten und die Pfifferlinge darüber streuen. Alles mit gewaschenen Kerbelblättchen und gehobeltem Meerrettich garnieren und sofort servieren.

Schweinemedaillons in Blauschimmelkäse auf Kohlrabigemüse mit Thymiansabayon

4 Personen

braucht Zeit

2 Kohlrabi
Salz
1 Tomate
220 g zimmerwarme Butter
Zucker
600 g sauber geputztes Schweinefilet
weißer Pfeffer aus der Mühle
7 Eigelb
60 g Blauschimmelkäse
180 g Mehl
110 ml Weißwein
2 Eiweiß
150 g Butterschmalz
1 TL Senf
1 EL Thymianblättchen
1 EL gehackte Petersilie
Kerbelblättchen zum Garnieren

Die Kohlrabi schälen, in ca. 2 cm lange Stifte schneiden, in kochendem Salzwasser 9–10 Minuten bissfest garen, in Eiswasser abschrecken und abtropfen lassen.

Die Tomate kreuzweise einritzen, mit kochendem Wasser überbrühen, kalt abschrecken, die Haut abziehen, den Stielansatz und die Kerne entfernen und das Fruchtfleisch fein würfeln.

Die Kohlrabistifte in 20 g Butter farblos anschwitzen, mit Salz und Zucker würzen und warm stellen.

Das Schweinefilet in ca. 2 cm dicke Scheiben schneiden, etwas flach klopfen und mit Salz und Pfeffer würzen.

4 Eigelbe, den Blauschimmelkäse, 80 g Mehl, Salz, Pfeffer, 1 Prise Zucker und 5 EL Weißwein mit der Schlagscheibe des Zauberstabs gut mixen.

Die Eiweiße und 1 Prise Salz steif schlagen. Den Eischnee vorsichtig unter den Teig heben. Die Schweinemedaillons im restlichen Mehl wenden, durch den Backteig ziehen und in heißem Butterschmalz goldbraun ausbacken.

Während das Fleisch brät, die restlichen Eigelbe, 6 EL Weißwein, Senf, Salz und Pfeffer über einem heißen Wasserbad zuerst mit einem Schneebesen anschlagen, dann mit der Schlagscheibe des Zauberstabs schaumig schlagen. Den Sabayon vom Wasserbad nehmen und mit dem Zauberstab die restliche Butter stückchenweise unterschlagen. Zum Schluss die gewaschenen Thymianblättchen unterrühren.

Die Tomatenwürfel und die gehackte Petersilie zu den Kohlrabistiften geben und das Gemüse auf 4 Teller verteilen. Die Schweinemedaillons kurz auf Küchenkrepp abtropfen lassen und auf dem Kohlrabigemüse anrichten. Das Fleisch mit dem Thymiansabayon anrichten.

Heidelbeer-Sahne-Torte

12 Stücke

braucht Zeit

- 120 g zimmerwarme Butter
- 50 g Zucker
- 1 Prise Salz
- abgeriebene Schale von 1 Zitrone (unbehandelt)
- abgeriebene Schale von 1 Orange (unbehandelt)
- 1 Ei
- 1 EL geschlagene Sahne
- 180 g Mehl
- 500 g Heidelbeeren
- 5 Blatt Gelatine
- 600 ml Sahne
- 100 g Puderzucker
- Mark von ½ Vanilleschote
- 100 ml Weißwein
- 100 ml Apfelsaft

Den Backofen auf 180 °C vorheizen. Die Butter, den Zucker und 1 Prise Salz mit dem Multimesser des Zauberstabs schaumig rühren. Die Zitronen- und die Orangenschale, das Ei und die geschlagene Sahne dazugeben und nochmals durchmixen.

Das Mehl dazusieben und mit einem Kochlöffel alles zu einem glatten Teig verarbeiten. Eine Springform (24 cm Ø) mit Backpapier auslegen. Den Teig aufstreichen und im Backofen auf der mittleren Schiene ca. 20 Minuten backen.

Den Tortenboden auskühlen lassen, aus der Form lösen und auf eine Tortenplatte legen.

Die Heidelbeeren waschen und gründlich abtropfen lassen. 3 Blatt Gelatine in kaltem Wasser einweichen. Die Sahne und den Puderzucker mit der Schlagscheibe des Zauberstabs steif schlagen.

Die Gelatine ausdrücken und mit 1 EL Wasser und dem Vanillemark bei milder Hitze auflösen. Einen Teil der Schlagsahne mit der Gelatine verrühren und diese Mischung unter die übrige Schlagsahne heben.

Einen mit Frischhaltefolie ausgelegten Tortenring (26 cm Ø) um den Tortenboden legen. Die Heidelbeeren auf dem Tortenboden verteilen. Die leicht angestockte Sahne in einen Spritzbeutel füllen und innen im Ring eine spiralförmige Bordüre um die Torte spritzen.

Die restliche Gelatine in kaltem Wasser einweichen. Den Weißwein erwärmen und die ausgedrückte Gelatine darin auflösen. Den Apfelsaft hinzufügen und alles abkühlen lassen. Wenn die Wein-Saft-Mischung zähflüssig wird, über die Heidelbeeren träufeln.

Die Torte für mindestens 1 Stunde kalt stellen. Vor dem Servieren vorsichtig den Tortenring lösen.

braucht Zeit

4 Blatt Gelatine
2 Eier
80 g Zucker
1/8 l Riesling
1 Spritzer Zitronensaft
150 g kleine Trauben
1/8 l Spätlese
gehackte Pistazien zum Garnieren

Rieslingcreme mit Weintrauben

[...] Personen

2 Blatt Gelatine in kaltem Wasser einweichen. Die Eier trennen. Die Eiweiße steif schlagen und kalt stellen.

Die Eigelbe, 40 g Zucker und 2 EL Wasser über einem heißen Wasserbad zuerst mit einem Schneebesen anschlagen, dann mit der Quirlscheibe des Zauberstabs schaumig aufschlagen.

Die Gelatine ausdrücken und bei milder Hitze im Riesling auflösen. Den Riesling und den Zitronensaft zu dem Eierschaum geben. Alles mit der Quirlscheibe einmal durchschlagen und kalt stellen. Wenn die Masse zu stocken beginnt, zuerst 1 Drittel des Eischnees unterheben, dann den Rest. Die Creme bis 1 cm unter den Rand in Gläser füllen und kalt stellen.

Die Trauben waschen, enthäuten, halbieren und entkernen. Die halbierten Trauben auf der Creme verteilen.

Die restliche Gelatine in kaltem Wasser einweichen. Die Spätlese mit dem restlichen Zucker aufkochen, etwas abkühlen lassen und die ausgedrückte Gelatine darin auflösen. Die Spätlese-Zucker-Mischung abkühlen lassen, bis sie zu stocken beginnt. Das Gelee vorsichtig über die Creme und die Trauben verteilen, mit gehackten Pistazien garnieren und die Creme nochmals kalt stellen.

Preiselbeeren im Krokantstrudelblatt mit Fruchtsauce

4 Personen

braucht Zeit

1 großes Stück Strudelteig (selbst gemacht oder TK-Ware, ersatzweise Blätterteig)
80 g Puderzucker
2 Blatt Gelatine
200 ml Sahne
120 g Zucker
3 Eigelb
1 TL Zitronensaft
2 EL Orangenlikör
170 g frische Preiselbeeren
je 4 EL verschiedene Sorten Fruchtsauce nach Wahl (aus dem Glas)
Minzeblättchen zum Garnieren

Den Backofen auf 220 °C vorheizen. Den Strudelteig hauchdünn ausziehen. 12 Kreise von 8 cm Ø ausstechen, auf ein mit Backpapier ausgelegtes Backblech legen und im Backofen auf der mittleren Schiene 3–5 Minuten kross backen. Die Teigblätter herausnehmen und abkühlen lassen.

Den Backofengrill vorheizen. Die Teigblätter dick mit Puderzucker bestreuen und unter dem Grill goldgelb karamellisieren lassen. Wenn die Teigblätter ausgekühlt sind, die andere Seite ebenso karamellisieren.

Die Gelatine in kaltem Wasser einweichen. 100 ml Sahne mit 40 g Zucker aufkochen, vom Herd nehmen, etwas abkühlen lassen und die Eigelbe unterrühren. Die Eiersahne über einem heißen Wasserbad mit einem Schneebesen anschlagen, dann mit der Quirlscheibe des Zauberstabs aufschlagen.

Die Gelatine ausdrücken und in der Eiersahne auflösen. Wenn die Masse etwas abgekühlt ist, den Zitronensaft und den Orangenlikör hinzufügen und alles mit dem Multimesser des Zauberstabs glatt rühren.

Die restliche Sahne mit der Schlagscheibe des Zauberstabs steif schlagen und unter die Creme heben. Die Creme kalt stellen.

Die Preiselbeeren verlesen, die Stielansätze und die Blätter entfernen. Die Preiselbeeren waschen und auf Küchenkrepp abtropfen lassen. Die Preiselbeeren und den restlichen Zucker mit den Knethaken des Rührgeräts so lange rühren, bis sich der Zucker vollständig aufgelöst hat.

Die Preiselbeeren unter die Creme heben. Auf 4 Teller je zwei Strudelblätter legen und die Preiselbeercreme darauf verteilen. Die Creme mit je einem Strudelblatt abdecken. Alles mit den Fruchtsaucen anrichten und mit gewaschenen Minzeblättchen garnieren.

Mein Tipp

Auch Vanillesauce passt sehr gut zu den Preiselbeeren im Krokantstrudelblatt. Wie Sie Vanillesauce selbst machen können, erfahren Sie im Tipp auf Seite 69.

Die dunkle Jahreszeit hat auch ihr Gutes: Deftige Kohl- und Fleischgerichte und ein heißer Punsch wärmen von innen. Wenn der Duft von Bratäpfeln und Lebkuchen durchs Haus zieht, ist Weihnachten nicht mehr weit.

Winterküche

Pikanter Räucherfischaufstrich

4 Personen

geht schnell

200 g Frischkäse
50 g Räucherforellenfilet
50 g Räucherlachs
2 Schalotten
2 Knoblauchzehen
1 EL gehackter Dill
Salz
weißer Pfeffer aus der Mühle
gemahlener Koriander

Den Frischkäse mit dem Multimesser der Zauberstabs glatt rühren. Das Räucherforellenfilet und den Räucherlachs grob zerkleinern und dann mit dem Fleisch- oder dem Multimesser des Zauberstabs fein pürieren.

Die Schalotten und den Knoblauch schälen, die Schalotte fein würfeln, den Knoblauch hacken. Den Frischkäse mit dem pürierten Fisch, den Schalottenwürfeln, dem Knoblauch und dem gehackten Dill verrühren.

Den Räucherfischaufstrich mit Salz, Pfeffer und gemahlenem Koriander abschmecken.

Mein *Tipp*

Frischkäse wird aus pasteurisierter Milch gewonnen und reift nicht oder nur wenige Tage. Er schmeckt mild säuerlich. Der Frischkäseaufstrich hält sich im Kühlschrank 1–2 Tage, allerdings sollten Sie ihn frisch verzehren, damit die Schalotten nicht bitter werden und der Dill nicht an Geschmack verliert.

Quarkaufstrich mit Paprika

4 Personen

geht schnell

80 g weiche Butter
Salz
100 g Magerquark
1 Schalotte
3–4 Essiggurken
6 Kapern
3 Sardellenfilets (aus dem Glas)
½ rote Paprikaschote
½ gelbe Paprikaschote
2 EL Paprikapulver, edelsüß
1 EL Schnittlauchröllchen
1 EL gehackte Petersilie
weißer Pfeffer aus der Mühle
gemahlener Chili
gemahlener Kümmel

Die Butter und 1 Prise Salz mit dem Multimesser des Zauberstabs schaumig rühren. Den Quark hinzufügen und kurz mitmixen.

Die Schalotte schälen und fein würfeln. Die Essiggurken in feine Würfel schneiden. Die Kapern und die abgespülten Sardellenfilets hacken. Die Paprikaschoten putzen, waschen, schälen und fein würfeln. Alles mit der Butter-Quark-Mischung verrühren.

Das Paprikapulver, die Schnittlauchröllchen und die Petersilie unterrühren. Den Quarkaufstrich mit Salz, Pfeffer, gemahlenem Chili und Kümmel pikant abschmecken.

Mein Tipp

Sardellenfilets werden tiefgekühlt oder geräuchert und vor allem in Öl oder Salz eingelegt angeboten. Eingelegte Sardellenfilets sollten gründlich abgespült werden. Seien Sie beim Salzen vorsichtig, denn in Salz eingelegte Sardellenfilets sind bereits sehr stark gewürzt.

Kräftige Rindersuppe mit Kräuterfrittaten

6–8 Personen

braucht Zeit

1 kg Rindfleisch
300 g Rinderknochen
1 große Zwiebel
Salz
6 weiße Pfefferkörner
2 Lorbeerblätter
½ Stange Lauch
½ Sellerieknolle
2 Karotten
1 Petersilienwurzel
1 Tomate
50 g Mehl
150 ml Milch
2 Eier
½ EL gehackte Petersilie
1½ EL Schnittlauchröllchen
Blättchen von
6 Thymianzweigen
50 g Butterschmalz

Fleisch und Knochen gründlich waschen. Die ungeschälte Zwiebel halbieren. Einen großen Topf erhitzen und die Zwiebel darin ohne Fett auf der Schnittfläche und mit der Schale dunkelbraun rösten. 2½ l Wasser aufgießen.

Das Fleisch und die Knochen sowie Salz, Pfefferkörner und Lorbeerblätter hinzufügen. Die Suppe zum Kochen bringen, dann die Hitze reduzieren und ca. 2 Stunden leise köcheln lassen.

Den Lauch putzen und waschen. Den Sellerie, die Karotten und die Petersilienwurzel waschen und schälen. Die Tomate waschen. Alles Gemüse grob zerkleinern und noch ca. 30 Minuten bei schwacher Hitze in der Suppe ziehen lassen.

Das Fleisch herausnehmen und für ein anderes Gericht verwenden. Die Suppe durch ein Tuch passieren.

Das Mehl, die Milch, die Eier sowie etwas Salz mit dem Multimesser des Zauberstabs zu einem glatten Teig mixen. Die gehackte Petersilie, ½ EL Schnittlauchröllchen und die gewaschenen Thymianblättchen hinzufügen.

Das Butterschmalz in einer beschichteten Pfanne erhitzen und darin dünne Pfannkuchen backen. Die Pfannkuchen auskühlen lassen, übereinander legen und in schmale Streifen schneiden.

Die heiße Suppe mit den Kräuterfrittaten in Tellern anrichten und mit den restlichen Schnittlauchröllchen bestreut servieren.

Mein Tipp

Das Rösten der Zwiebel ohne Fett und das Mitkochen der Zwiebel samt Schale ist ein Trick aus der Profiküche. Die Suppe erhält dadurch eine schön goldgelbe Farbe. Manchmal bleiben Spuren vom Rösten im Topf zurück. Um das zu vermeiden, können Sie die Zwiebel auch auf einem Stück Alufolie auf der Herdplatte rösten.

Quittensüppchen mit Pflaumenwein

4 Personen

geht schnell

4 Quitten
200 ml Pflaumenwein
50 ml Apfelsaft
100 g Zucker
2 Zimtstangen
2 Sternanis
3 Nelken
1 Vanilleschote
Saft von 1 Zitrone
4 Kugeln Zitroneneis
Puderzucker
4 EL Fruchtmark nach Wahl (aus dem Glas)
Minzeblättchen zum Garnieren

Die Quitten waschen und mit Schale und Kernen in Spalten schneiden. 150 ml Pflaumenwein, den Apfelsaft, Zucker, Zimtstangen, Sternanis, Nelken, das Vanillemark und die ausgekratzte Vanilleschote sowie den Zitronensaft aufkochen. Die Quittenspalten darin in ca. 20 Minuten weich kochen.

Die Zimtstangen, den Sternanis, die Nelken und die Vanilleschote entfernen. Die Quitten abkühlen lassen und mit der Kochflüssigkeit durch ein nicht zu feines Sieb streichen.

Die durchpassierten Quitten, den restlichen Pflaumenwein und das Zitroneneis mit dem Multimesser des Zauberstabs zu einer sämigen Suppe aufmixen. Die Suppe eventuell mit Puderzucker abschmecken.

Das Quittensüppchen in Schalen anrichten, mit dem Fruchtmark verzieren und mit gewaschenen Minzeblättchen garnieren.

Mein Tipp

Quitten zählen zum Kernobst. Man unterscheidet zwischen den runden Apfelquitten und den länglichen Birnenquitten. Im Geschmack sind sie gleich. Quitten sind roh nicht genießbar. Waschen Sie den pelzigen Belag vor dem Kochen ab. Quitten sind sehr hart, für das Schneiden ist etwas Kraftaufwand erforderlich.

Winterlicher Punschcocktail

4 Personen

braucht Zeit

¼ l Rotwein

⅛ l Holundersaft

⅛ l schwarzer Johannisbeersaft

abgeriebene Schale und Saft von 1 Orange (unbehandelt)

abgeriebene Schale und Saft von 1 Zitrone (unbehandelt)

3 EL Honig

3 Nelken

1 Zimtstange

1 Msp. Lebkuchengewürz

1 Msp. Ingwerpulver

10 g Zucker

2 EL Strohrum

4 Kugeln Zimteis

Alle Zutaten außer dem Eis mischen, einmal kurz aufkochen und über Nacht ziehen lassen. Den Punsch am nächsten Tag durch ein Sieb passieren und mit der Schlagscheibe des Zauberstabs schaumig mixen.

Den Punsch in 4 Gläser füllen, je 1 Kugel Zimteis dazugeben und sofort servieren.

Mein Tipp

Wenn Sie kein Zimteis bekommen, können Sie mit dem Multimesser des Zauberstabs ½ TL Zimtpulver unter ½ l Vanilleeis arbeiten und dieses Eis nochmals durchfrieren lassen. Stattdessen können Sie auch anderes Eis verwenden, beispielsweise Kirscheis oder Waldfruchteis. Je nach Geschmack können Sie in diesem Fall den Punschcocktail noch etwas nachsüßen.

Rotbarschfilets auf Topinamburpüree

4 Personen

geht schnell

500 g Topinamburknollen
4 EL Zitronensaft
2 Schalotten
80 g Butter
200 ml Gemüsebrühe
150 ml Sahne
Salz
weißer Pfeffer aus der Mühle
frisch geriebener Muskat
Öl zum Frittieren
4 Rotbarschfilets à ca. 200 g
1 Knoblauchzehe
50 g Butterschmalz
3 Thymianzweige
2 EL gehackte Kräuter

Die Topinamburknollen schälen. Etwa ¼ davon in nicht zu dünne Scheiben schneiden und mit 2 EL Zitronensaft in Wasser legen, damit sie nicht dunkel werden. Den Rest grob schneiden und mit dem restlichen Zitronensaft in Wasser legen. Die Schalotten schälen und in Ringe schneiden.

40 g Butter in einem Topf erhitzen und die Schalottenringe darin hell anschwitzen. Die Topinamburstücke abtropfen lassen, zu den Schalotten geben und unter Rühren mit anbraten. Die Gemüsebrühe und 100 ml Sahne dazugießen.

Die Topinamburstücke im geschlossenen Topf unter häufigem Rühren 20–25 Minuten kochen, dann ohne Deckel so lange weiter garen, bis die Flüssigkeit fast völlig verkocht ist. Den Topinambur mit Salz, Pfeffer und Muskat würzen, mit dem Multimesser des Zauberstabs pürieren und warm stellen.

Die Topinamburscheiben abtropfen lassen und trockentupfen. Das Öl erhitzen, die Topinamburscheiben darin in ca. 3 Minuten goldgelb frittieren und auf Küchenkrepp abtropfen lassen.

Die Rotbarschfilets waschen und trockentupfen. Die Knoblauchzehe schälen und fein hacken. Das Butterschmalz in zwei Pfannen erhitzen. Die Fischfilets darin auf jeder Seite ca. 2 Minuten sanft braten. Dabei zuerst den Thymian, nach dem Wenden den Knoblauch dazugeben. Den Fisch mit Salz und Pfeffer würzen.

Die Filets aus den Pfannen nehmen und warm stellen. Das Bratfett in eine Pfanne zusammengießen, 40 g Butter darin aufschäumen lassen und mit Salz und Pfeffer würzen. Die gehackten Kräuter hinzufügen und den Fisch wieder hineingeben.

Die restliche Sahne mit der Schlagscheibe des Zauberstabs steif schlagen und unter das Topinamburpüree heben. Das Püree auf 4 Teller verteilen, die Fischfilets mit der Kräuterbutter darauf anrichten und die frittierten Topinamburscheiben darüber streuen.

Weißweinsuppe mit Rote-Bete-Flädle

4 Personen

geht schnell

100 g Mehl
3 Eier
¼ l Milch
20 g flüssige Butter
3 EL Rote-Bete-Saft
Salz
frisch geriebener Muskat
½ rohe Knolle Rote Bete
30 g Butterschmalz
5 Schalotten
5 Knoblauchzehen
60 g Butter
4 EL Wermut
½ l Weißwein
¾ l Geflügelbrühe
100 ml Sahne
100 g Crème fraîche
weißer Pfeffer aus der Mühle
3 EL geschlagene Sahne
Petersilienblättchen zum Garnieren

Das Mehl, die Eier, die Milch, die flüssige Butter und den Rote-Bete-Saft mit der Quirlscheibe oder dem Multimesser des Zauberstabs zu einem glatten Pfannkuchenteig mixen. Den Teig mit Salz und Muskat würzen.

Die Rote-Bete-Knolle schälen, sehr fein reiben und mit dem Teig verrühren. Das Butterschmalz in einer Pfanne erhitzen und darin dünne Pfannkuchen backen. Die Pfannkuchen auskühlen lassen und in feine Streifen schneiden.

Die Schalotten und den Knoblauch schälen. Die Schalotten fein würfeln, den Knoblauch in dünne Scheiben schneiden. Die Butter in einem Topf erhitzen und Schalotten und Knoblauch darin hell anschwitzen. Mit dem Wermut ablöschen, den Weißwein angießen und alles auf die Hälfte einkochen lassen. Die Geflügelbrühe hinzufügen und die Suppe köcheln lassen, bis die Schalotten und der Knoblauch weich sind. Die Suppe mit dem Multimesser des Zauberstabs pürieren. Die Sahne und die Crème fraîche unterrühren und die Suppe mit Salz und Pfeffer abschmecken.

Die Suppe mit der Schlagscheibe des Zauberstabs sehr schaumig aufschlagen und die geschlagene Sahne unterheben. Die Suppe in 4 Teller verteilen, die Rote-Bete-Flädle darauf anrichten und mit gewaschenen Petersilienblättchen garnieren.

Kartoffel-Blutwurst-Maultaschen in Zwiebelschmelze mit Feldsalat

4 Personen

braucht Zeit

600 g mehlig kochende Kartoffeln
3 Eigelb
100 g Speisestärke
150 g Butter
Salz
frisch geriebener Muskat
150 g Blutwurst
1 EL frisch gehackter Majoran
7 EL Walnussöl
30 g Walnusskerne
weißer Pfeffer aus der Mühle
Mehl zum Bearbeiten
2 Zwiebeln
3 EL gewürfelter Speck
1 Apfel
1 große Schalotte
3 EL Weißweinessig
200 g Feldsalat
2 EL gehackte Petersilie
Majoranblättchen zum Garnieren

Den Backofen auf 160 °C vorheizen. Die Kartoffeln waschen, in Alufolie einwickeln und im Backofen ca. 1 Stunde garen. Herausnehmen, die Alufolie öffnen, die Kartoffeln ausdämpfen lassen, pellen und noch warm durch die Kartoffelpresse drücken.

2 Eigelbe mit den Kartoffeln verrühren. Nach und nach die Speisestärke unterarbeiten, bis ein glatter Teig entsteht. 25 g Butter schmelzen und unter den Teig kneten. Den Teig mit Salz und Muskat würzen.

Die Blutwurst häuten und grob würfeln. Den Majoran und 2 EL Walnussöl dazugeben und alles mit dem Multimesser des Zauberstabs grob zerkleinern. Die Walnusskerne in der Mühle des Zauberstabs fein mahlen, mit der Blutwurst vermischen und die Masse mit Salz und Pfeffer abschmecken.

Den Kartoffelteig auf einer bemehlten Arbeitsfläche ca. 2 mm dünn ausrollen und Kreise von ca. 8 cm Ø ausstechen. Mit einem Löffel etwas Blutwurstfüllung auf die Kreise setzen, die Teigränder mit 1 verquirltem Eigelb bestreichen. Die Kreise zusammenklappen und die Ränder gut festdrücken. Die Zwiebeln schälen und würfeln. 40 g Butter in einer Pfanne erhitzen und die Zwiebeln darin braun braten. Die restliche Butter dazugeben und schmelzen lassen (nicht mehr kochen). Die Zwiebeln leicht salzen.

Die Speckwürfel in einer Pfanne kross ausbraten. Den Apfel und die Schalotte schälen, den Apfel vom Kerngehäuse befreien. Apfel und Schalotte fein würfeln, zu dem Speck geben und einmal durchschwenken. Den Essig mit Salz und Pfeffer verrühren, dann 5 EL Walnussöl unterschlagen. Die Marinade mit der Speck-Schalotten-Apfel-Mischung verrühren.

Den Feldsalat waschen, verlesen, trockenschleudern und mit dem Dressing marinieren. Die Maultaschen in reichlich siedendem Salzwasser 10 Minuten gar ziehen lassen. Die Maultaschen kurz abtropfen lassen, mit der Zwiebelschmelze durchschwenken und die Petersilie darüber streuen. Den Feldsalat auf 4 Teller verteilen, die Maultaschen mit der Zwiebelschmelze dazu anrichten und alles mit Majoranblättchen garnieren.

Tafelspitzsülze mit Lauchsalat und Tomatenvinaigrette

1 Form für 1l Inhalt

braucht Zeit

1 ungeschälte Zwiebel
2 kleine Petersilienwurzeln
4 Karotten
3½ Stangen Lauch
¾ Knolle Sellerie
2 Stangen Staudensellerie
3 Tomaten
2 Knoblauchzehen
700 g Tafelspitz
1 Liebstöckelzweig
3 Majoranzweige
3 Lorbeerblätter
1 EL weiße Pfefferkörner
Salz
14 Blatt Gelatine
weißer Pfeffer aus der Mühle
2 EL Weißweinessig
4 Schalotten
5 EL weißer Balsamessig
Saft von ½ Zitrone
100 ml Rapsöl
1 TL gehackte Petersilie
½ Kopf Friséesalat
1 Bd. Kerbel

Die Zwiebel halbieren und auf den Schnittflächen in einem Topf dunkel rösten. Petersilienwurzeln, 2 Karotten, ½ Stange Lauch, ¼ Knollen- und den Staudensellerie waschen und putzen. 1 Tomate waschen und halbieren, Knoblauch schälen und in Scheiben schneiden. Das Gemüse, den Tafelspitz und die Kräuter mit 3 l Wasser in dem Topf zum Kochen bringen, salzen und ca. 2 Stunden köcheln lassen. Öfter abschäumen. Den Tafelspitz herausnehmen und mit einem feuchten Tuch bedeckt auskühlen lassen.

Die Gelatine in kaltem Wasser einweichen. Etwa ¾ l von der heißen Tafelspitzbrühe durch ein Tuch passieren und die ausgedrückte Gelatine darin auflösen. Mit Salz, Pfeffer und Weißweinessig abschmecken. 1 Stange Lauch, restliche Karotten und restlichen Knollensellerie waschen und putzen. Das Gemüse sehr fein würfeln und nacheinander in kochendem Salzwasser blanchieren, in Eiswasser abschrecken und abtropfen lassen.

Den erkalteten Tafelspitz in dünne Scheiben schneiden. Das Tafelspitzgelee auf Eis stellen, dabei häufig rühren. Eine Terrinenform mit Frischhaltefolie auskleiden und in ein Gefäß mit Eis stellen. Zuerst Gelee einfüllen, dann Gemüsewürfel, dann Tafelspitzscheiben. Diesen Vorgang wiederholen, bis die Form gefüllt ist. Die Sülze für 3 Stunden kalt stellen. Die weißen Teile des restlichen Lauchs putzen, waschen und aus der Mitte die beiden harten Blätter entfernen. Den Lauch in Salzwasser ca. 5 Minuten kochen, abtropfen lassen und schräg in Ringe schneiden.

2 Tomaten kreuzweise einritzen, mit kochendem Wasser überbrühen, abschrecken, die Haut abziehen, den Stielansatz und die Kerne entfernen und das Fruchtfleisch fein würfeln. Die Schalotten schälen und fein würfeln. Den Balsamessig und den Zitronensaft mit der Schlagscheibe des Zauberstabs aufmixen, salzen, pfeffern und unter ständigem Mixen das Öl einlaufen lassen. Die Petersilie, die Schalotten und die Tomatenwürfel dazugeben.

Die Lauchstreifen, geputzten und gewaschenen Friséesalat und gewaschene Kerbelblättchen auf 4 Teller verteilen, mit der Tomatenvinaigrette beträufeln und leicht pfeffern. Die Tafelspitzsülze dazu anrichten.

Hirschschnitzel auf Petersilienwurzelpüree mit Rosenkohlblättern

4 Personen

braucht Zeit

300 g mehlig kochende Kartoffeln

300 g Petersilienwurzeln

Salz

60 ml Milch

100 ml Sahne

weißer Pfeffer aus der Mühle

frisch geriebener Muskat

600 g Rosenkohl

1 Schalotte

30 g Butter

2 EL Preiselbeeren, abgetropft (aus dem Glas)

1 TL gehackte Petersilie

4 Hirschschnitzel à ca. 160 g (aus dem Rücken)

40 g Haselnüsse

2 Eier

50 g Mehl

40 g frische Weißbrotbrösel

150 g Butterschmalz

2 EL geschlagene Sahne

8 EL dunkler Wildfond (aus dem Glas)

Die Kartoffeln und die Petersilienwurzeln waschen, schälen und grob würfeln. Die Kartoffel- und Petersilienwurzelstücke in ausreichend Salzwasser weich kochen und abgießen.

Die Milch und die Sahne zu den Kartoffeln und den Petersilienwurzeln geben und aufkochen lassen. Mit Salz, Pfeffer und Muskat würzen und mit dem Multimesser des Zauberstabs mixen. Das Püree warm stellen.

Die Rosenkohlröschen vom Strunk abschneiden, waschen und von unschönen Blättern befreien. Die Röschen in einzelne Blätter teilen, kurz in kochendem Salzwasser blanchieren, in kaltem Wasser abschrecken und gut abtropfen lassen.

Die Schalotte schälen und fein würfeln. Die Butter in einer Pfanne erhitzen, die Schalottenwürfel darin hell anschwitzen und mit Salz, Pfeffer und Muskat würzen. Die Rosenkohlblätter dazugeben und gründlich durchschwenken. Die Preiselbeeren und die gehackte Petersilie unterrühren, dabei einige Preiselbeeren zum Garnieren zurückbehalten.

Die Hirschschnitzel gründlich klopfen und mit Salz und Pfeffer würzen. Die Haselnüsse in der Mühle des Zauberstabs mahlen und mit den Weißbrotbröseln vermischen. Die Eier verquirlen. Die Schnitzel im Mehl wenden, durch das verschlagene Ei ziehen und mit gemahlenen Haselnüssen und Weißbrotbröseln panieren.

Das Butterschmalz in einer Pfanne erhitzen, die Hirschschnitzel darin in ca. 5 Minuten goldbraun ausbacken und auf Küchenkrepp abtropfen lassen.

Die geschlagene Sahne unter das Petersilienwurzelpüree heben. Das Püree auf 4 Teller verteilen, die Schnitzel darauf anrichten und die Rosenkohlblätter darüber geben. Den erhitzten dunklen Wildfond dazugeben und mit den zurückbehaltenen Preiselbeeren garnieren. Eventuell mit glasierten Apfelperlen servieren. Dazu empfehlen wir Semmelknödel.

Kalbsrücken mit Kräuterkruste auf Spitzkohl und Brokkoli

4 Personen

braucht Zeit

ca. 1 kg Kalbsrücken (ohne Knochen)
30 g Butterschmalz
3 Thymianzweige
1 Rosmarinzweig
Salz
weißer Pfeffer aus der Mühle
5 Schalotten
3 Knoblauchzehen
160 g zimmerwarme Butter
120 g fein geriebenes Weißbrot
2 EL gehackte Petersilie
1 EL gehackter Thymian
1 EL Schnittlauchröllchen
1 Kopf Spitzkohl, ca. 400 g
1 Tomate
100 ml Gemüsebrühe
1 Kopf Brokkoli
30 g kalte Butter
8 EL dunkler Kalbsfond (aus dem Glas)

Den Backofen auf 120 °C vorheizen. Den Kalbsrücken waschen, trockentupfen, von Fett und Sehnen befreien. Das Schmalz in einer Pfanne erhitzen, den Kalbsrücken von beiden Seiten anbraten, die Kräuterzweige dazugeben, salzen und pfeffern. Den Kalbsrücken auf ein mit Alufolie ausgelegtes Blech legen und auf der zweituntersten Schiene im Ofen ca. 50 Minuten braten. Herausnehmen, warm stellen. Den Backofengrill vorheizen.

Während der Kalbsrücken brät, die Schalotten und den Knoblauch schälen und fein hacken. 100 g Butter mit dem Multimesser des Zauberstabs schaumig rühren. Das geriebene Weißbrot, 2 gehackte Schalotten und 2 gehackte Knoblauchzehen, 1 EL gehackte Petersilie sowie den gehackten Thymian und die Schnittlauchröllchen dazugeben. Alles glatt rühren, in einen Gefrierbeutel füllen, gleichmäßig flach drücken und kalt stellen.

Äußere Blätter des Spitzkohls entfernen, den Kohl vierteln und Strunk herausschneiden. Den Kohl in Würfel schneiden. Die Tomate kreuzweise einritzen, mit kochendem Wasser überbrühen, kalt abschrecken, die Haut abziehen, Stielansatz und Kerne entfernen und das Fruchtfleisch fein würfeln.

30 g Butter in einem Topf erhitzen und die restlichen Schalotten und den Rest Knoblauch darin hell anschwitzen. Den Spitzkohl hinzufügen, die Gemüsebrühe angießen und den Kohl in ca. 10 Minuten weich dünsten. Die Brokkoliröschen von Strunk lösen und in reichlich kochendem Salzwasser bissfest garen. Den Brokkoli in kaltem Wasser abschrecken, in 30 g heißer Butter schwenken und mit Salz und Pfeffer würzen.

Die Kräuterkruste aus dem Gefrierbeutel nehmen und in Streifen von der Breite des Kalbsrückens schneiden. Die Streifen auf den Kalbsrücken legen und unter dem Backofengrill überbacken, bis die Kruste goldbraun wird.

Die kalte Butter, die Tomatenwürfel und die restliche gehackte Petersilie unter den Spitzkohl rühren. Den Kohl auf 4 Teller verteilen. Den Kalbsrücken in Scheiben schneiden und auf dem Spitzkohl anrichten. Die Brokkoliröschen darum verteilen und mit dem erhitzten Kalbsfond überziehen.

Entenbrust in Walnuss-Honig-Kruste mit Rotkohl

4 Personen

braucht Zeit

2 Entenbrüste (mit Knochen)
2 EL Rapsöl
1 Karotte
6 Schalotten
½ Stange Staudensellerie
1 EL Tomatenmark
450 ml Rotwein
1 l Geflügelfond
2 Lorbeerblätter
3 Thymianzweige
Salz
weißer Pfeffer aus der Mühle
Speisestärke
1 kg Rotkohl
3 Äpfel
5 EL Apfelmus
Saft von ½ Zitrone
8 EL Weißweinessig
30 g Zucker
50 g Butterschmalz
1 EL schwarzes Johannisbeergelee
1 Zimtstange
5 EL Olivenöl
1 Rosmarinzweig
8 EL Honig
2 EL Sojasauce
120 g Walnusskerne
gemahlener Chili
50 g Weißbrotbrösel

Die Entenbrüste von den Knochen lösen, diese grob hacken und im Rapsöl anrösten. Die Karotte und die Schalotten schälen, den Staudensellerie waschen, putzen und würfeln. Die Karotte und 2 Schalotten würfeln und das Gemüse mit den Karkassen rösten. Das Tomatenmark einrühren, mit 200 ml Rotwein ablöschen und fast völlig verkochen lassen. Den Geflügelfond (bis auf 50 ml) angießen, den Lorbeer und 1 Thymianzweig dazugeben und alles 2 Stunden köcheln lassen. Den Fond durch ein Sieb passieren, entfetten, nochmals einkochen lassen, mit Salz und Pfeffer würzen.

Den Rotkohl in feine Streifen schneiden. 1 Apfel schälen, entkernen und in Stifte schneiden. Rotkohl, Apfelstifte, Apfelmus, Zitronensaft, 6 EL Essig, 20 g Zucker und 1 Prise Salz mischen und im Kühlschrank ziehen lassen. 3 Schalotten in feine Streifen schneiden. Das Butterschmalz in einem Topf erhitzen, 10 g Zucker darin leicht karamellisieren und mit 2 EL Essig ablöschen. Die Schalottenstreifen darin andünsten. Den marinierten Rotkohl, das Johannisbeergelee, den Zimt und ¼ l Rotwein dazugeben. Den Rotkohl im geschlossenen Topf ca. 1 Stunde bei milder Hitze garen. 2 Äpfel schälen, entkernen, würfeln und im Rotkohl einmal aufkochen.

Den Backofen auf 120 °C vorheizen. Die Entenbrüste auf der Hautseite mit einem scharfen Messer kreuzweise einschneiden, in 2 EL heißem Olivenöl kross anbraten und mit Salz und Pfeffer würzen. 1 Schalotte, den restlichen Thymian und den Rosmarin dazugeben und die Entenbrüste auf der zweiten Seite anbraten. Alles auf einem mit Alufolie ausgelegten Backblech auf der mittleren Schiene im Backofen ca. 20 Minuten garen.

Den restlichen Geflügelfond, Honig, 3 EL Olivenöl und die Sojasauce mit dem Multimesser des Zauberstabs aufmixen und einkochen lassen. Die Walnusskerne in der Mühle des Zauberstabs grob mahlen, hinzufügen und kochen, bis die Masse dickflüssig wird. Mit Salz und Chili würzen, die Weißbrotbrösel dazugeben und abkühlen lassen. Die Entenbrüste mit der Walnuss-Honig-Masse bestreichen, unter dem Backofengrill goldbraun überbacken, auf dem Rotkohl anrichten und mit dem Entenjus überziehen. Dazu passen Apfel-Semmel-Knödel.

Quarkschmarrn mit glasierten Äpfeln

4 Personen

geht schnell

125 g Magerquark
3 EL Milch
60 ml Sahne
3 Eier
abgeriebene Schale von ½ Zitrone
abgeriebene Schale von 1½ Orangen
Mark von 1½ Vanilleschoten
50 g Mehl
145 g Zucker
1 EL Rosinen
70 g Butter
4 säuerliche Äpfel (am besten Boskoop)
Saft von 1 Zitrone
40 g Puderzucker
4 EL Ahornsirup
½ TL Zimt

Den Quark, die Milch und die Sahne mit dem Multimesser des Zauberstabs glatt rühren. Die Eier trennen. Die Eigelbe, die Zitronenschale und die abgeriebene Schale von ½ Orange zum Quark geben und mit dem Multimesser glatt rühren. Das Mark von ½ Vanilleschote und das Mehl untermixen.

Die Eiweiße und 20 g Zucker halb steif schlagen, 40 g Zucker hinzufügen und die Eiweiße zu steifem Schnee schlagen. Den Eischnee und die Rosinen vorsichtig unter die Quarkmasse heben.

Den Backofen auf 180 °C vorheizen. 20 g Butter in einer Pfanne erhitzen und die Schmarrnmasse darin bei milder Hitze so lange backen, bis der Boden goldbraun ist. Den Schmarrn im Backofen auf der mittleren Schiene ca. 15 Minuten backen, herausnehmen und in der Pfanne zerteilen.

Während der Schmarrn backt, die Äpfel schälen, vom Kerngehäuse befreien und in Spalten schneiden. Die Apfelspalten mit Zitronensaft beträufeln, damit sie nicht braun werden.

Den restlichen Zucker und 30 g Butter in einem Topf hellbraun schmelzen, mit dem Ahornsirup und 6–8 EL Wasser ablöschen, das restliche Vanillemark und den Rest Orangenschale dazugeben und alles so lange köcheln lassen, bis sich der Zucker gelöst hat. Die Apfelspalten hinzufügen, noch ca. 5 Minuten köcheln lassen und dann von Herd nehmen.

Den zerteilten Schmarrn auf eine Seite der Pfanne schieben. 20 g Butter in der anderen Seite zerlaufen lassen, 20 g Puderzucker darauf sieben und karamellisieren lassen. Den Quarkschmarrn in diesem Karamell gründlich durchschwenken.

Den Zimt mit dem restlichen Puderzucker mischen. Den Schmarrn auf 4 Tellern anrichten, mit dem Zimtzucker bestreuen und die glasierten, noch lauwarmen Äpfel dazu servieren.

Magermilch-Lebkuchen-Creme mit eingelegtem Dörrobst

4 Personen

geht schnell

150 ml Magermilch (0,3 % Fett)
1 Zimtstange
5 Nelken
100 g Zucker
2 Beutel schwarzer Tee
1 Vanilleschote
1 EL Speisestärke
500 g gemischte Trockenfrüchte
1 EL Vanillecremepulver (kalt anrührbar)
50 g Lebkuchen
1 TL Lebkuchengewürz
gehackte Haselnüsse zum Garnieren

Die Magermilch einfrieren. Es dürfen sich nur Kristalle bilden, die Milch darf nicht völlig fest frieren.

600 ml Wasser mit der Zimtstange, den Nelken, dem Zucker, dem Tee und der Vanilleschote aufkochen und ca. 15 Minuten ziehen lassen. Den Gewürztee durch ein Sieb abgießen. Den Tee nochmals aufkochen, die in etwas kaltem Wasser angerührte Speisestärke einrühren, kurz mitkochen und den Tee damit binden.

Die Trockenfrüchte etwas zerkleinern, in den gebundenen Gewürzsud geben und gut durchziehen lassen.

Die Magermilch in einem Mixbecher mit der Schlagscheibe des Zauberstabs aufschlagen. Das Vanillecremepulver in die aufgeschlagene Milch mixen.

Den Lebkuchen in der Mühle des Zauberstabs fein mahlen. Den gemahlenen Lebkuchen vorsichtig unter die Creme heben und mit dem Lebkuchengewürz abschmecken.

Die Creme in Gläser füllen und mit gehackten Haselnüssen garnieren. Mit dem eingelegten Dörrobst servieren.

Mein Tipp

Lebkuchengewürz ist eine fertige Gewürzmischung aus Anis, Gewürznelken, Ingwer, Kardamom, Koriander, Muskat, Piment und Zimt. Sie erhalten Lebkuchengewürz in der Vorweihnachtszeit in gut sortierten Lebensmittelgeschäften oder in großen Supermärkten. Nach dem Anbrechen sollten Sie es bald verbrauchen, damit es nicht an Aroma verliert.

Mohneisparfait mit Cassisbirnen

4 Personen

braucht Zeit

- 30 g Mohn
- 2 Stück Würfelzucker
- 360 ml Sahne
- 230 g Zucker
- Mark von 1 Vanilleschote
- 1 Prise Salz
- 2 Eier
- 2 Eigelb
- 600 ml schwarzer Johannisbeersaft
- 1 EL schwarzes oder rotes Johannisbeergelee
- ½ Zimtstange
- 2 Nelken
- Saft von ½ Orange
- abgeriebene Schale von 1 Orange (unbehandelt)
- 1 EL Speisestärke
- 4 kleine Birnen
- Minzeblättchen zum Garnieren

Den Mohn mit dem Würfelzucker in der Mühle des Zauberstabs grob mahlen. Die Sahne, 30 g Zucker, das Vanillemark, 1 Prise Salz und den gemahlenen Mohn auf ca. 70 °C erhitzen.

Die Eier, die Eigelbe und 50 g Zucker über einem heißen Wasserbad mit der Schlagscheibe des Zauberstabs schaumig aufschlagen. Die Ei-Zucker-Mischung zur Mohnsahne geben und auf ca. 80 °C erhitzen. Auf keinen Fall kochen, sonst gerinnt das Ei.

Die Parfaitmasse auf Eis stellen und auf ca. 4 °C kühlen. Dabei ca. 5-mal mit dem Multimesser des Zauberstabs durchmixen. Die Parfaitmasse für mindestens 12 Stunden zugedeckt kalt stellen.

Die Parfaitmasse mit der Schlagscheibe des Zauberstabs ca. 5 Minuten schlagen, bis sie cremig-steif ist. Das Parfait für mindestens 3 Stunden im Gefriergerät durchfrieren lassen.

Den Johannisbeersaft, den restlichen Zucker, das Johannisbeergelee, die Zimtstange und die Nelken sowie den Orangensaft und die Orangenschale aufkochen und auf die Hälfte einkochen lassen. Die in etwas kaltem Wasser angerührte Speisestärke hinzufügen, nochmals aufkochen lassen und den Gewürzfond damit binden.

Die Birnen schälen und mit einem Kugelausstecher von unten her entkernen. Die Birnen in dem Gewürzfond einmal aufkochen und dann im Fond auskühlen lassen.

Wenn sie eine schöne dunkle Farbe angenommen haben, die Birnen fächerartig einschneiden, auf 4 Teller geben, mit etwas Gewürzfond und je 1 bis 2 Scheiben Mohneisparfait anrichten und mit gewaschenen Minzeblättchen garnieren.

Alphabetisches Rezeptverzeichnis

Rezeptverzeichnis nach den Jahreszeiten

Frühling

Sommer

Herbst

Winter